Catherine Allegre-Papadacci
stammt aus Paris und unterrichtet Geschichte und Geographie.
Seit fünfzehn Jahren beschäftigt sie sich intensiv mit dem Kreuzstich und entwirft exklusive, sehr persönlich gestaltete Muster.
Ihre detailreichen, handwerklich perfekt ausgeführten Arbeiten, verbunden mit einem wunderbaren Farbensinn, sind in vielen Handarbeitszeitschriften zu bewundern.
Lassen Sie sich mit Catherine Allegre-Papadaccis erstem Buch von dieser Begeisterung für den Kreuzstich anstecken.

HOBBYWERKSTATT

Dekorativer Kreuzstich

CATHERINE ALLEGRE-PAPADACCI

HOBBYWERKSTATT
Kreuzstich

Text: Catherine Allegre-Papadacci

Genehmigte Sonderausgabe für Planet Medien AG
Bundesstraße 4, CH-6340 Zug

Deutsch von Monika Harald-Krumbach

Manufactured in China
ISBN 3-625-20483-5

INHALT

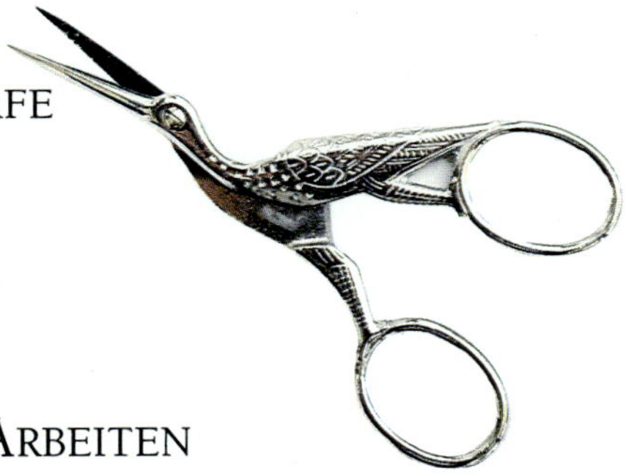

Mustertuch aus der Sammlung Permin, Leinenstoff, 45 x 54 cm

EINLEITUNG

KREUZSTICH ist eine der ältesten Stickarten und heute auf der ganzen Welt bekannt. Zwei diagonale Stiche bilden, wie schon der Name sagt, ein Kreuz.

Die Kreuzstich-Technik ist – wohl wegen ihrer Einfachheit – seit vielen Jahrhunderten bekannt und spielte immer eine wichtige Rolle in der Palette der weiblichen Handarbeiten. Neben rein dekorativen Arbeiten wurde der Kreuzstich auch für praktische Zwecke eingesetzt, so beispielsweise in Form von Monogrammen als Eigentums-Kennzeichnung.
Früher lernten kleine Mädchen gleichzeitig Schreiben, Lesen und Sticken. Auf diese Weise entstanden Mustertücher mit gestickten Buchstaben oder Texten wie Gebeten, Sprichwörtern, Alphabeten oder Zahlentabellen, die dann nach und nach mit zusätzlichen feinen Motiven verziert wurden und oft auch eine Bordüre mit dem Namen sowie dem Alter der jungen Stickerin enthielten.
In Europa und Nordamerika erlebt der Kreuzstich seit etwa fünfzehn Jahren eine erstaunliche Renaissance – wie man schon durch einen Blick in die einschlägigen Handarbeitszeitschriften sehen kann. Die Möglichkeiten sind endlos: Seien es nun Haushaltsgegenstände wie Handtücher oder Kissen, persönliche Geschenke für Familienmitglieder und Bekannte oder hübsche Festdekorationen für Weihnachten, Ostern und Muttertag – alles läßt sich durch Kreuzstich individuell gestalten.
Mit ein wenig Übung lernen Sie Stich für Stich alle möglichen Muster von Kürbissen bis zu Kaninchen nachzuarbeiten. Dabei stellen Sie sogar eine beruhigende Wirkung fest, wenn Sie in all der Alltagshektik immer wieder einmal zu Ihrer Stickerei greifen. Ganz gleich, wie viel oder wenig Zeit Sie zur Verfügung haben, wie jung oder alt Sie sind: Probieren Sie es gleich aus!

MATERIAL UND WERKZEUG

Bevor Sie mit dem Sticken beginnen, besorgen Sie alle nötigen Materialien und Hilfsmittel. Die angefangene Stickerei wird in einem Handarbeitskorb vor Staub geschützt oder unter einem Tuch aufbewahrt.

STICKGARN

Es gibt verschiedene für den Kreuzstich geeignete Garne. Die Dicke sollte jeweils zur Stärke und Webart des verwendeten Stoffes passen. Sticktwist und Spaltgarn lassen sich in verschiedene Dicken spalten und sind in Handarbeitsgeschäften und Kaufhäusern erhältlich.

Stickstoffe
Von rechts nach links: locker gewebter Hardangerstoff, Baumwollhandtuch mit eingewebter Borde, Aidastoff mit angewebter Waffelborde, Karostoffe in Leinenbindung, Aidastoffe (sie sind in mehreren Stärken und Farben erhältlich) sowie verschiedene Leinenstoffe.

Borden
Ganz aktuell sind Stoffbänder zum Besticken – in Breiten zwischen etwa 2 und 13 cm erhältlich.

Stickgarn ist in über 400 Farbtönen und Schattierungen erhältlich, als Sticktwist, einfaches Baumwollgarn, Perlgarn; dazu kommen Gold- und Silberfäden.

STOFF

Die Wahl des Stoffes

Die verwendete Stoffart hängt vom späteren Verwendungszweck des fertigen Stückes und der zur Verfügung stehenden Zeit ab. Für „schnelle" kleine Arbeiten eignet sich Aidastoff mit relativ großen Gewebebündeln. Wenn Sie dagegen ein besonders feines Geschenk sticken und die Zeit keine Rolle spielt, wählen Sie feineres Leinen.

Geeignete Stoffarten

Kreuzstich wird gewöhnlich auf leinenbindigen oder sonstigen Stoffen mit gleichmäßigem Fadenverlauf ausgeführt: d. h. ein Stoffkästchen hat in Länge und Breite (Kette und Schuß) dieselbe Anzahl von Fäden. Je höher die Zahl der Fäden (wird traditionell in der Maßeinheit „Gauge" angegeben), desto feiner der Stoff – und desto kleiner die Stiche beim Sticken. Manchmal werden die Stiche bei sehr feinen Unterlagen über zwei oder drei Fadenkreuze geführt.

Traditionell wird Leinen für den Kreuzstich bevorzugt. Unterschiedlichste Stärken und Farben sowie ungebleichte und ungefärbte Qualitäten stehen hier zur Verfügung. Die meisten Leinenstoffe – außer dem Hardanger mit doppelten Fäden und einer komplizierteren Fadenführung, die dem Aidastoff ähnelt – sind mit einfach liegenden Fäden gewebt.

Diese sogenannten leinenbindigen Stoffe gibt es auch aus Baumwolle sowie einem Leinen-Baumwoll-Gemisch. Dazu kommen Aidastoffe, bei denen Kette und Schuß jeweils aus einem ganzen Fadenbündel bestehen. Alle Stoffe sind in mehreren Stärken und Farben erhältlich.

Haushaltsleinen

Für spezielle Zwecke wie Gästehandtücher, Servietten und Tischdecken können Sie Stoffe mit eingewebter Aida- oder sonstiger Borde fertig zum Besticken kaufen.

ACCESSOIRES

Hier sehen Sie einige wenige zum Besticken fertig vorbereitete Stücke wie Nikolausstrümpfe, Deckchen, Brillenetuis, Kissenbezüge etc. Ihrer Phantasie sind aber keine Grenzen gesetzt.

Stickrahmen

Stickrahmen erleichtern das Arbeiten sehr. Sie spannen den Stoff und erlauben so feste, gleichmäßige Stiche. Runde und viereckige Rahmen sind in verschiedensten Größen mit und ohne Tischklammern erhältlich.
Am gebräuchlichsten ist der 15-cm-Ring.

Schere

Sie benötigen eine kleine, sehr spitze Stickereischere zum Abschneiden der Garnenden, die ausschließlich für diesen Zweck benutzt wird. Praktischerweise wird die Schere mit einem Band versehen und beim Sticken wie eine Kette umgehängt, damit sie immer greifbar ist.

Nadeln

Spezielle Sticknadeln sind entweder mit Spitze oder vorne abgerundet erhältlich. Die stumpfen Nadeln eignen sich für grobere Stoffe, die sie ohne Fäden zu ziehen durchdringen. Sie sind in den Stärken 18 bis 25 erhältlich. Wählen Sie sie passend zur Stoffstärke. Kleine Nadeln sollten auch ein kleines Öhr haben. Wenn Sie auf feinem Stoff arbeiten, sollten Sie eine Sticknadel mit Spitze verwenden.

Sonstige Hilfsmittel

Eventuell benötigen Sie außerdem eine kleine Schachtel für Stickgarne, einen Einfädler, eine magnetische Nadelbox, eine Unterlage für die Mustervorlage, Lupe, Bleistift, Lineal und Kästchenpapier.

QUELLEN DER INSPIRATION

Anregungen für Muster ergeben sich oft ganz unerwartet. Da sich alle im Raster darstellbaren Motive eignen, können Sie beispielsweise ein Kachelmuster, ein Strickmuster oder ein geometrisches Tapetenmuster nachsticken. Dazu kommen Illustrationen aus Zeitungen und Zeitschriften, aus aktuellen Stickbüchern und Vorlagen aus historischen, vergriffenen Werken (Bibliotheken).

Handarbeitsbücher aus dem letzten Jahrhundert und volkskundliche Stickbücher liefern meist ausgesprochen reizvolle Vorlagen zum Nacharbeiten. Dabei können Sie durchaus einzelne Details herausgreifen und diese zu einem neuen Ganzen kombinieren – etwa zu einem Garten-Mustertuch, wie auf Seite 36-38 zu sehen – oder die Vorlagen nach Belieben abwandeln und erweitern.

Auch Bücher über andere Themen wie Kalligraphie, Mosaik, Wild- und Gartenblumen oder Weihnachtsschmuck enthalten zahlreiche Inspirationen für eigene Muster.

Dazu kommen Sonderhefte oder Sammelbände von Handarbeitszeitschriften, die immer wieder neue Kreuzstichmuster kreieren. Viele davon sind von bekannten Designern entworfen worden und entsprechend sogar mit deren Namenszug signiert. Auch hier können Sie wieder Passendes heraussuchen und nach persönlichem Geschmack umändern bzw. neu kombinieren.

Andere Handarbeitstechniken, (Häkeln, Spitzenklöppeln etc.) die ebenfalls mit Rastervorlagen arbeiten, sollten Sie ebenfalls in Betracht ziehen. Arbeiten Sie einmal dasselbe Muster gestickt auf einer Bluse und gestrickt in einer passenden Wolljacke als Set. Als letzten Tip: Auch Vorlagen für andere Sticktechniken wie Petit point lassen sich einfach in Kreuzstich nacharbeiten.

Scheuen Sie sich nicht vor Experimenten, Ihre Umgebung ist voll von Anregungen!

Creazione Anna Ricotti dalla serie le "filastrocche di Marianna"

2. Kapitel

STICHE

Ein einfacher Kreuzstich besteht aus zwei diagonal liegenden, sich in der Mitte überkreuzenden Halbstichen. Bei der gesamten Arbeit sollten sie sich immer in derselben Richtung überkreuzen.

Ausführung des Kreuzstiches

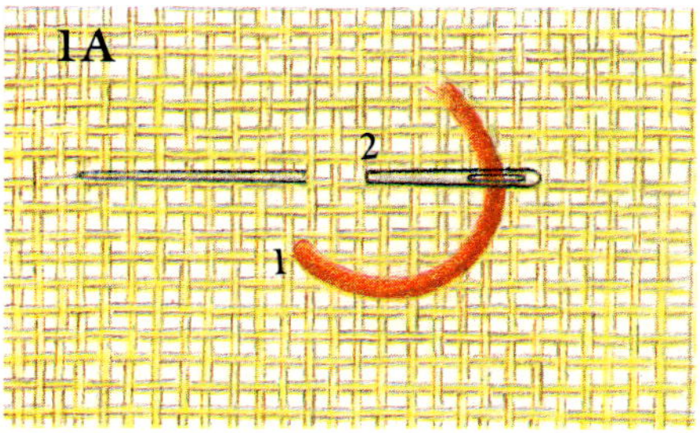

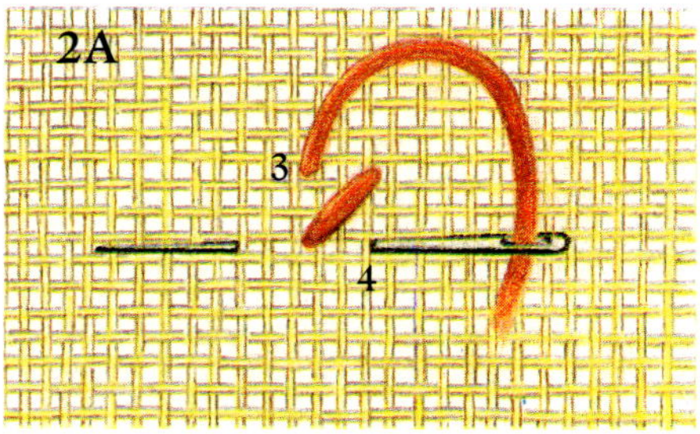

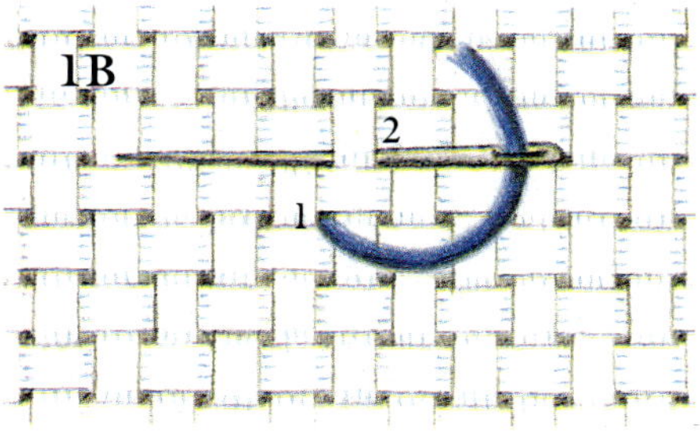

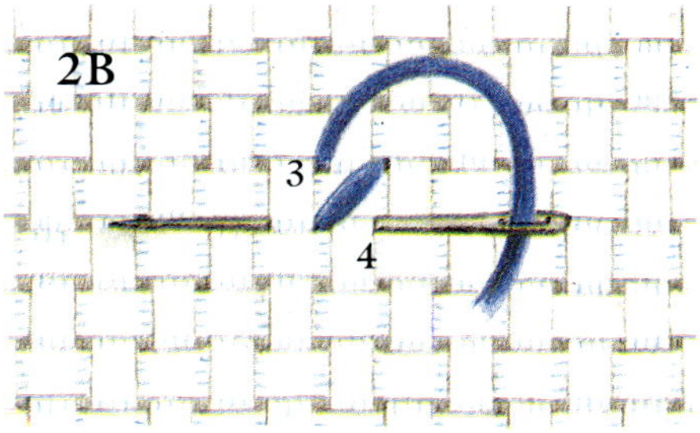

Stechen Sie die Nadel bei 1 nach vorne durch und bei 2 wieder nach hinten.

Die Nadel kommt bei 3 wieder heraus und wird bei 4 wieder eingestochen.

Horizontale Reihen in zwei Schritten

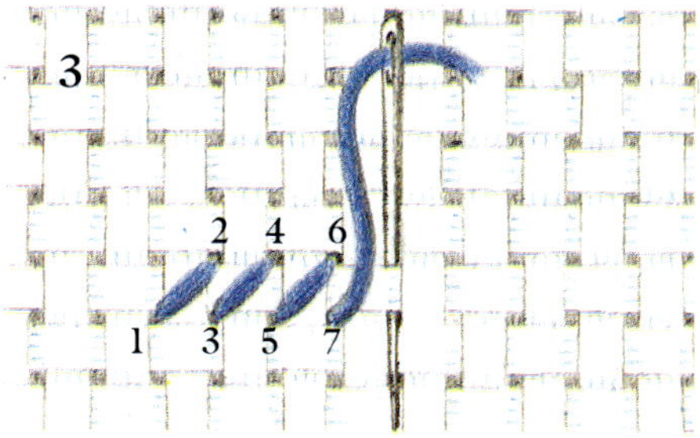

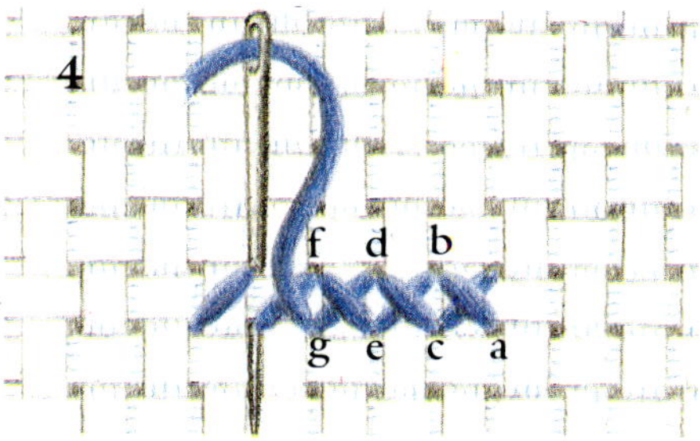

Stechen Sie von links unten (1) nach rechts oben in der gezeigten Reihenfolge diagonale Halbstiche.

Bringen Sie die Nadel am Reihenende bei a nach vorne und stecken Sie sie bei b wieder ein. Wie oben gezeigt, fahren Sie fort.

Reihen aus einzelnen Stichen

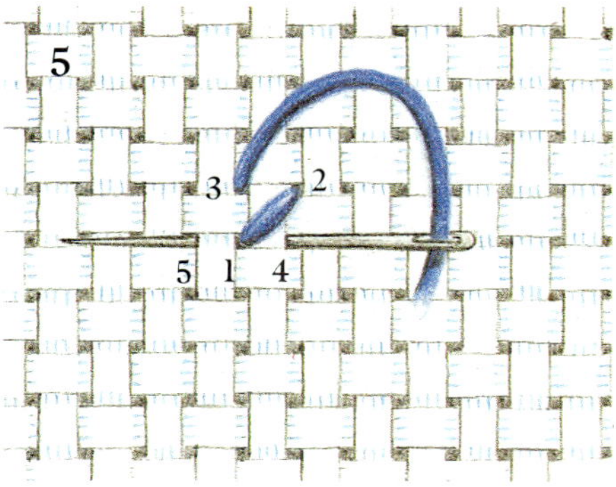

Stechen Sie die Nadel bei 1 heraus, bei 2 hinein, bei 3 nochmals heraus und bei 4 wieder hinein. Bei 5 mit dem nächsten Stich beginnen.

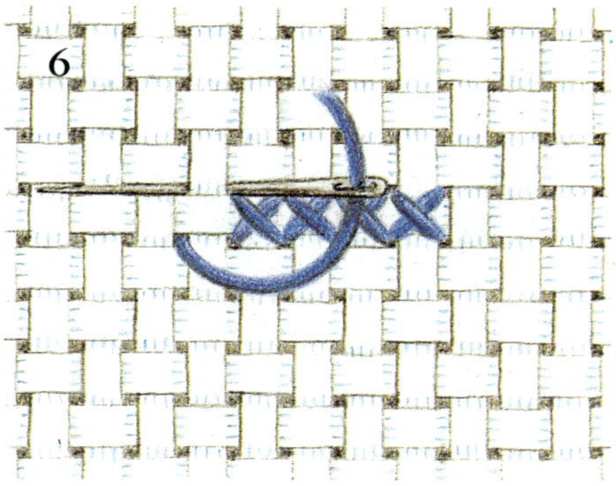

Arbeiten Sie die horizontale Reihe von rechts nach links. Jeder Stich wird für sich komplett gestickt.

Vertikale Reihen aus einzelnen Stichen

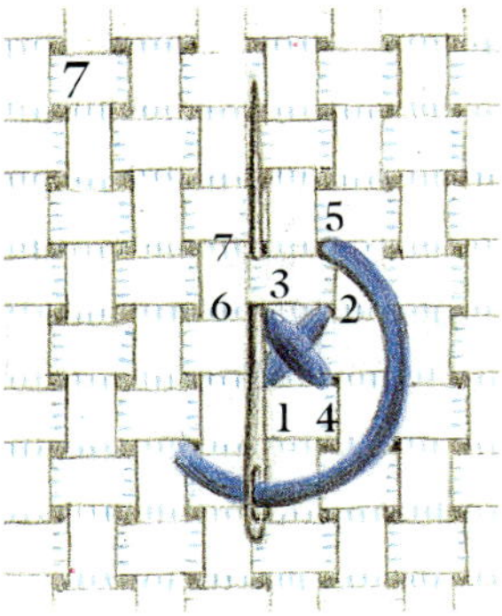

Arbeiten Sie den ersten Kreuzstich in der durch Zahlen angegebenen Reihenfolge. Die Nadel kommt bei 5 nach vorne, bei 6 nach hinten und bei 7 wieder vor.

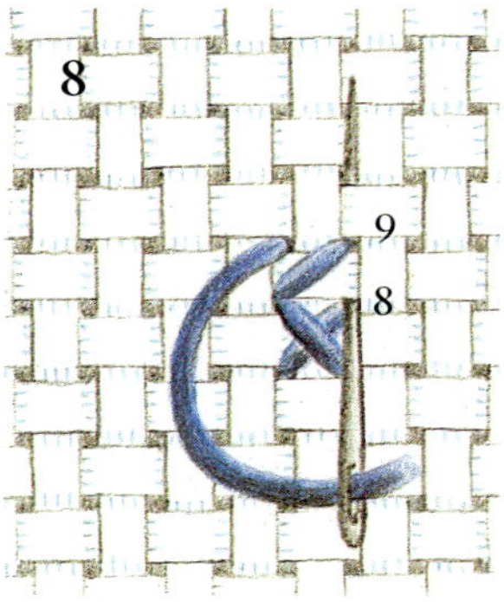

Stechen Sie die Nadel bei 8 wieder nach hinten und bringen Sie sie bei 9 wieder nach vorn.

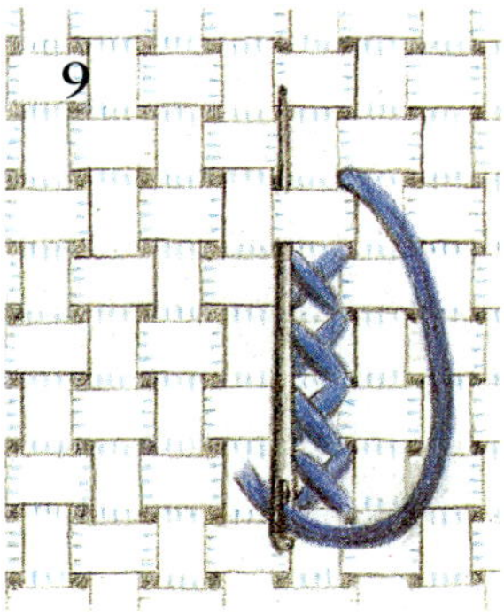

Arbeiten Sie die Reihe von unten nach oben. Jeder Stich wird einzeln vollständig gestickt.

Vertikale Reihen in zwei Schritten

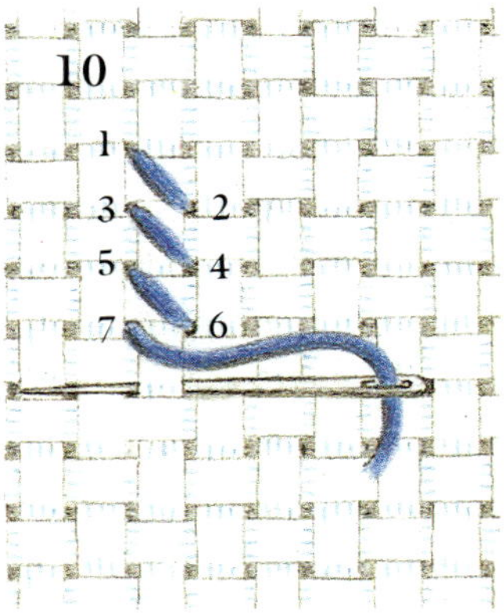

Arbeiten Sie in der angegebenen Reihenfolge oben links bei 1 beginnend diagonale Stiche.

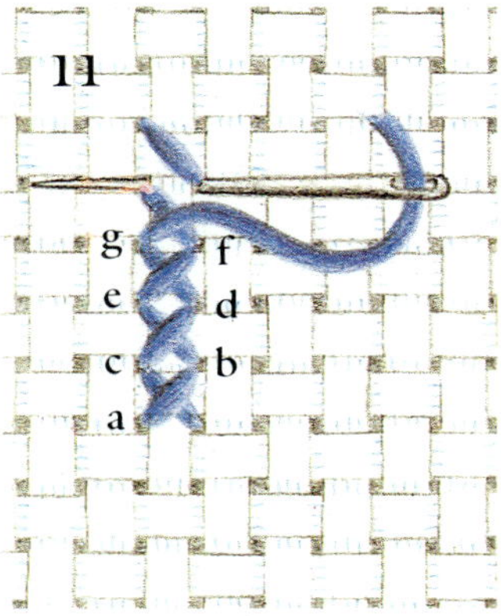

Am Ende der Reihe bringen Sie die Nadel von unten in die Ecke a und vervollständigen die Kreuzstiche in der angegebenen Reihenfolge.

Diagonale Reihen nach oben

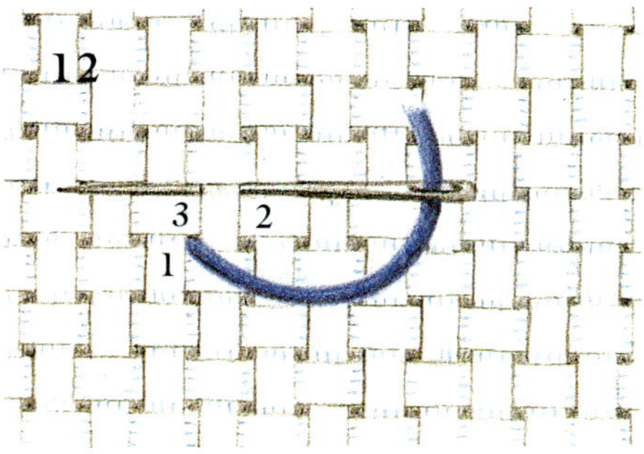

Stecken Sie die Nadel bei 1 nach vorn, bei 2 nach hinten und bei 3 wieder nach vorn.

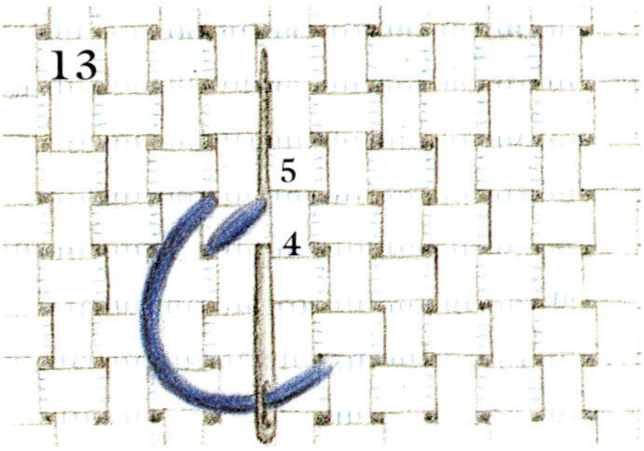

Stechen Sie die Nadel bei 4 nach hinten durch und bei 5 wieder nach vorn.

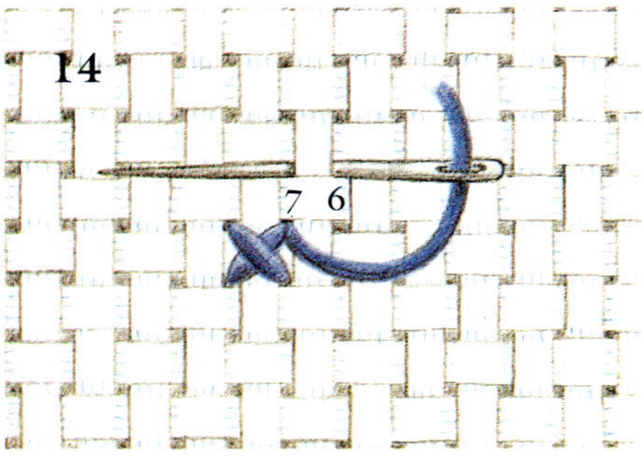

Stechen Sie die Nadel bei 6 nach hinten und bei 7 wieder nach vorn.

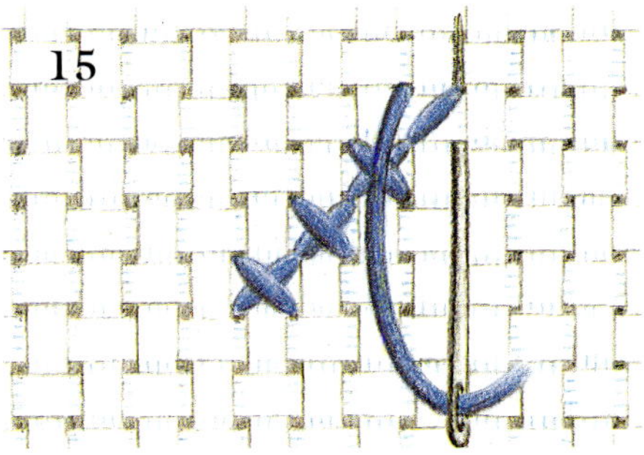

Arbeiten Sie die Reihe von unten nach oben, wobei jeder Stich einzeln fertiggestellt wird.

Diagonale Reihen nach unten

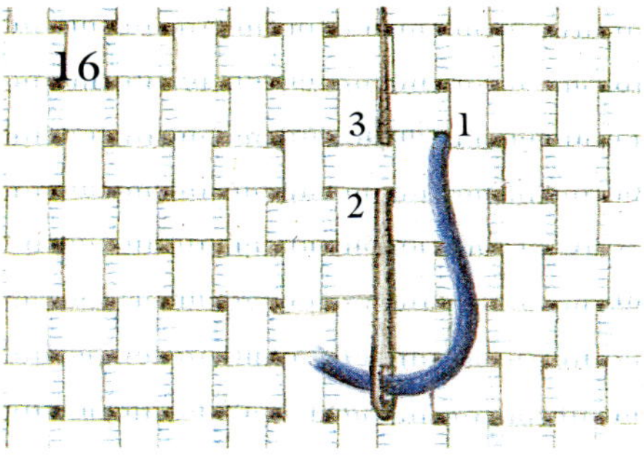

Stechen Sie die Nadel bei 1 nach vorn, bei 2 nach hinten und bei 3 wiederum nach vorn.

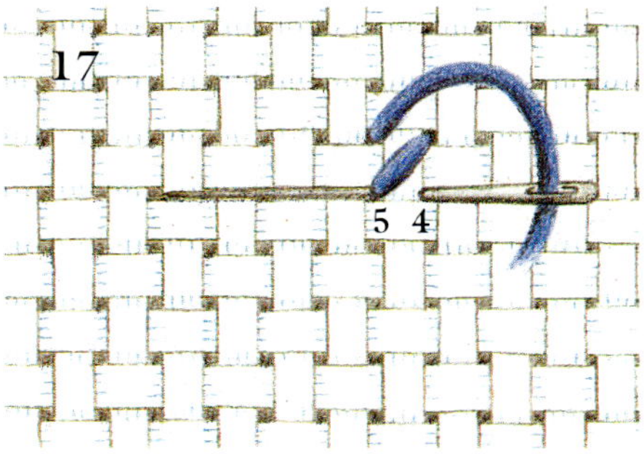

Stecken Sie die Nadel bei 4 nach hinten ein, bringen Sie sie bei 5 wieder nach vorn.

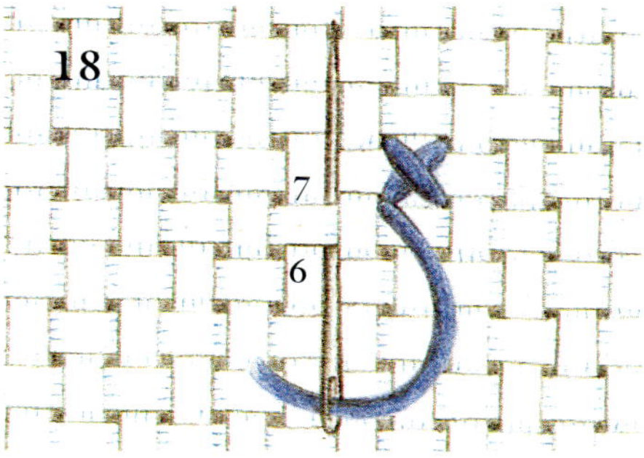

Stechen Sie die Nadel bei 6 nach hinten, bei 7 wieder vor.

Fertigen Sie die ganze diagonale Reihe nach diesem Muster.

Einfache Stiche

Vielfach werden Kreuzstichmuster durch Umrandungen oder Details aus einfachen, geraden Stichen vervollständigt.

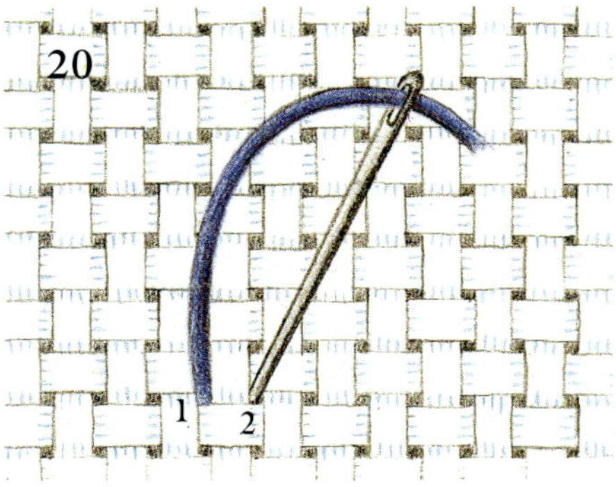

Stechen Sie die Nadel bei 1 nach vorne, bei 2 wieder nach hinten.

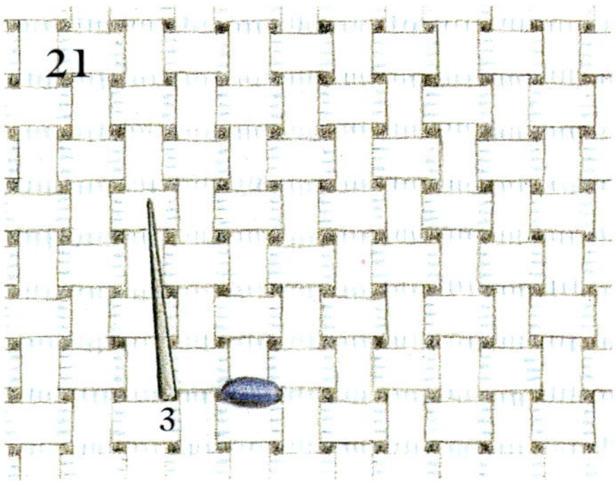

Die Nadel kommt bei 3 nach vorn; der Stich auf der Rückseite ist also doppelt so lang wie der auf der Vorderseite (1 nach 2).

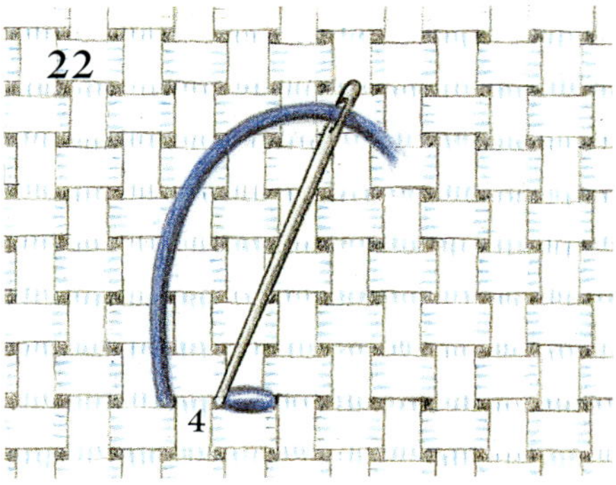

Stechen Sie die Nadel bei 4 wieder nach hinten.

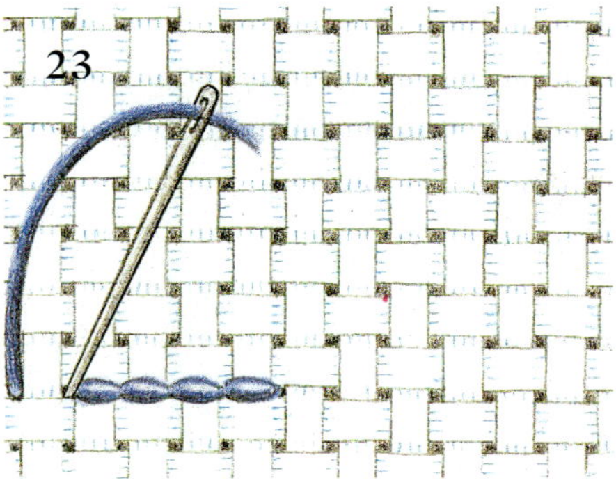

Sticken Sie auf diese Weise die ganze Reihe entlang des Fadenverlaufs.

Halbe Kreuzstiche – also einfache diagonale Stiche – werden ebenfalls manchmal verwendet. Sie wirken leichter und ergeben einen transparenten Effekt, beispielsweise bei Wasser- oder Himmelsflächen. Hier wurde der Gartenteich auf diese Art ausgeführt.

3. KAPITEL

MUSTERVORLAGEN

MUSTERKARTEN RICHTIG LESEN

Die Vorlagen für Kreuzstichmuster werden auf Kästchenpapier gezeichnet und sind meist schwarzweiß, wobei die Farben durch bestimmte Symbole repräsentiert werden. Jedes Kästchen bedeutet einen kompletten Kreuzstich, jedes Symbol steht für eine Farbe. Damit das Muster genau in der Stoffmitte liegt, beginnen Sie mit dem Sticken in der Mitte. Markieren Sie zuvor mit kleinen Pfeilen auch den Mittelpunkt der Vorlage (siehe unten und rechts).

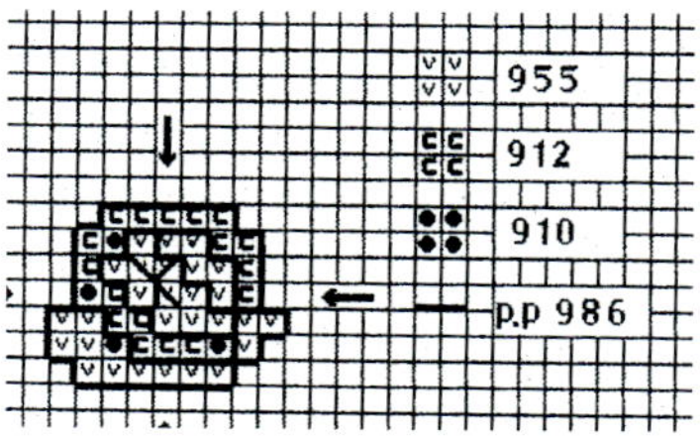

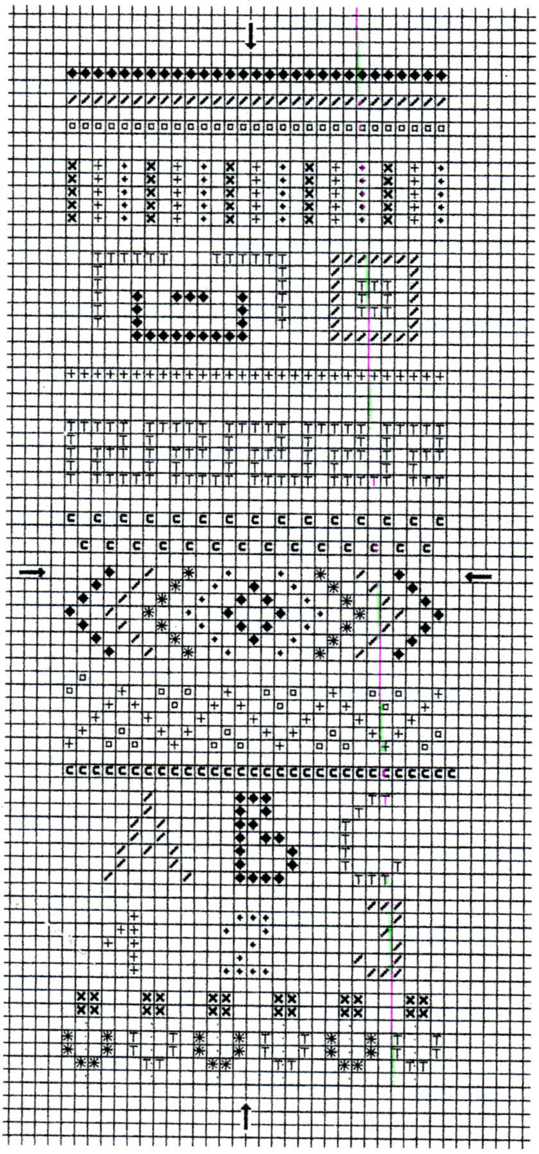

Die freien und bestickten Kästchen werden durch Abzählen ermittelt, Sie müssen also während des Arbeitens immer wieder nachrechnen. Manchmal zeigen die Vorlagen auch gerade Linien. Diese bedeuten einfache Stiche, die entweder zwischen den Kreuzstichreihen durchgehen, etwa zur Umrahmung, oder über ihnen liegen. Wie die einfachen Stiche ausgeführt werden, sehen Sie auf Seite 15.

Sie werden meist in dünnerem Garn und in kontrastierenden Farben gearbeitet.

Fadenhalter

Für größere Projekte in vielen Farben legen Sie sich sinnvollerweise einen Fadenhalter zu, in den die einzelnen Fäden geknotet werden können (mit entsprechenden Symbolen versehen). Sie können ihn auch selber aus einem Stück Pappe mit Löchern herstellen. Notieren Sie sich auch zu jedem Garnstrang die Farbnummer, falls Sie nachkaufen müssen.
Vor dem Sticken vergegenwärtigen Sie sich zunächst die Farbsymbole auf der Vorlage und markieren dann den Mittelpunkt.

Falls die Vorlagen in Büchern verkleinert abgebildet sind, ist es sinnvoll, sie vergrößert zu kopieren, damit die Augen nicht überanstrengt werden. Details sehen Sie sich am besten auf den Farbfotos an. Sie sind hier oft klarer erkennbar als auf den schwarzweißen Vorlagen.

4. KAPITEL

DIE ERSTEN SCHRITTE

DER ANFANG

Wenn Sie eine Vorlage ohne Angabe der Stoffstärke nacharbeiten möchten, sehen Sie sich das Muster – ob im Buch oder auf Kästchenpapier übertragen – an und wählen selber den passenden Stoff. Wichtig dabei sind Verwendungszweck, Feinheit des Musters und persönlicher Geschmack. Beachten Sie dabei, daß ein Kästchen der Vorlage einem kompletten Kreuzstich über ein Fadenkreuz des Stoffes entspricht.
Bevor Sie den Stoff zuschneiden, kalkulieren Sie die Größe des endgültigen Motivs, indem Sie die Kästchen der Vorlage und anschließend entsprechend viele Fäden abzählen (beim Aidastoff zählen Sie die Gewebebündel ab).

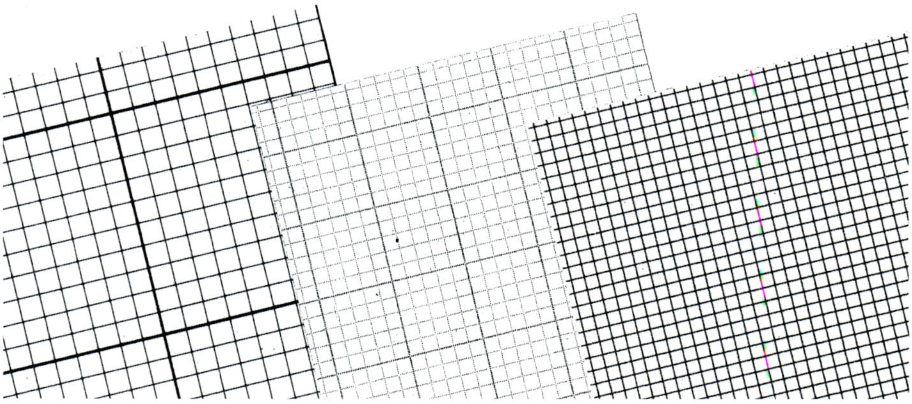

Oben: Kästchenpapier in mehreren Rastergrößen

Unten: Kreuzstich auf unterschiedlichem Gewebe

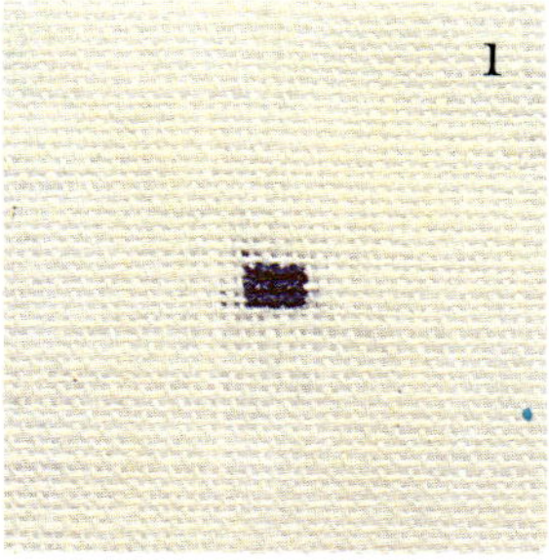

Leinen: der Stich geht über einen einzelnen Faden.

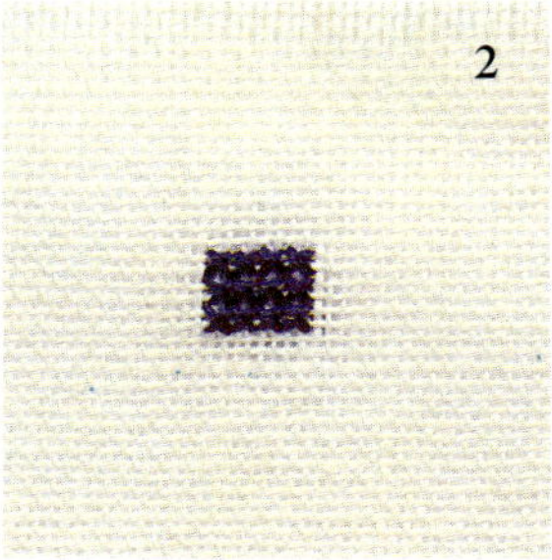

Dasselbe Leinen: der Stich geht über je zwei Fäden.

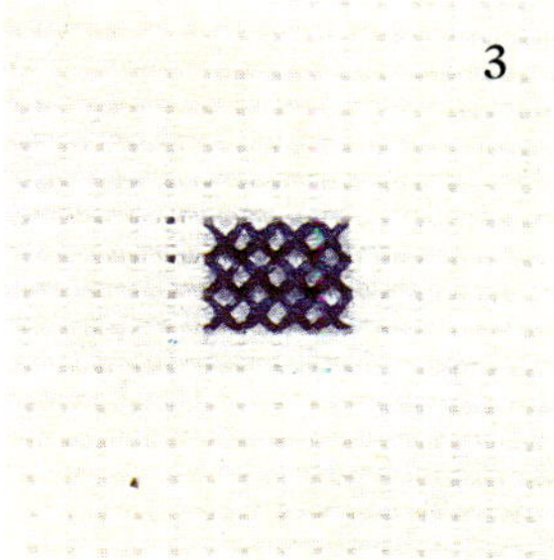

Aidastoff: der Stich reicht über ein Gewebebündel.

Der fertige Kürbis hat folgende Größe.

- auf Leinen mit kleinem Stich über einen Faden:
  22:30 = 2 cm breit
  18:30 = 1,5 cm hoch
- auf Leinen mit großem Stich über zwei Fäden:
  22:30 = 4 cm breit
  18:30 = 3 cm hoch
- auf Aidastoff:
  22:11 = 5 cm breit
  18:11 = 4 cm hoch

Zu diesen genau berechneten Maßen geben Sie an allen Seiten 5 cm hinzu, damit der Stoff in den Rahmen gespannt werden kann.

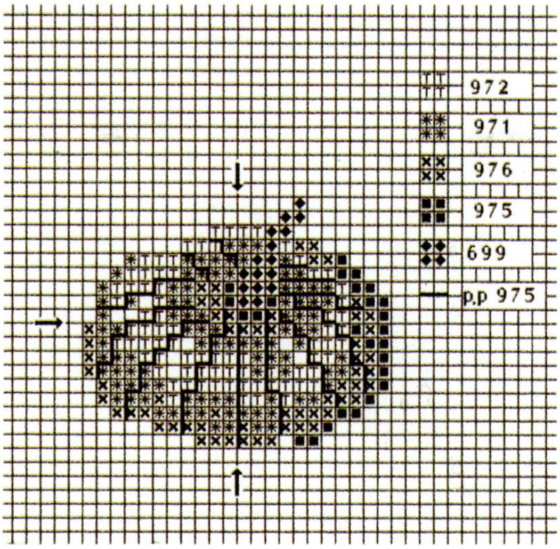

Großer Kürbis:
22 Kästchen breit
18 Kästchen hoch

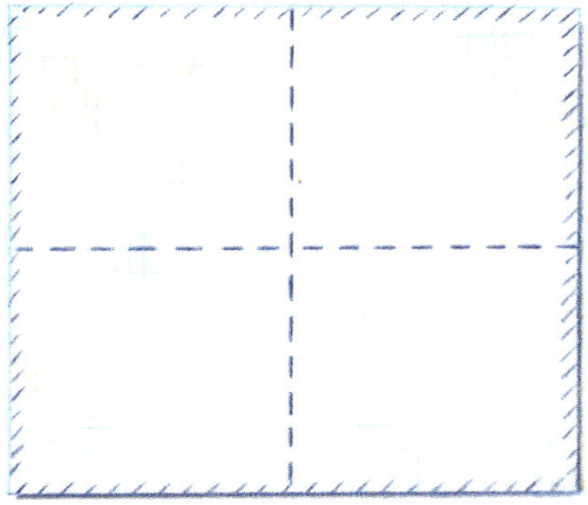

Vorbereitung des Stoffes

Bevor Sie mit dem Sticken beginnen, wird der Stoff unter einem feuchten Lappen mit dem Dampfbügeleisen geglättet. Dann säumen Sie die Schnittkanten mit einfachen Schlingstichen, damit sie nicht ausfransen. Mit zwei Linien aus kontrastierendem Heftfaden markieren Sie die exakte Stoffmitte. Der Faden wird nach dem Sticken wieder entfernt.

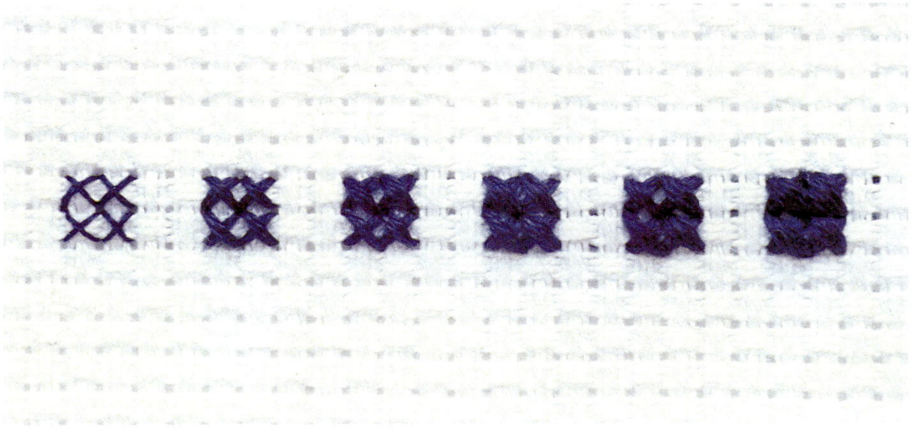

Ordnen Sie das Stickgarn (siehe Seite 17). Markieren Sie den Mittelpunkt der Vorlage mit Bleistift. Spalten Sie das Garn passend zur Stoffstärke in mehr oder weniger Fäden. Wenn Sie unsicher sind, machen Sie zunächst ein paar Probestiche: sie sollten klar erkennbar sein und den Untergrund nicht völlig verdecken. Das Beispiel zeigt Stiche mit ein, zwei, drei, vier, fünf und sechs Fäden. Zwei und drei erscheinen angemessen.

Einspannen des Stoffes

Legen Sie die zu bestickende Stoffstelle über den kleineren Ring und drücken Sie den größeren darüber. Die Schraube ist noch lose.

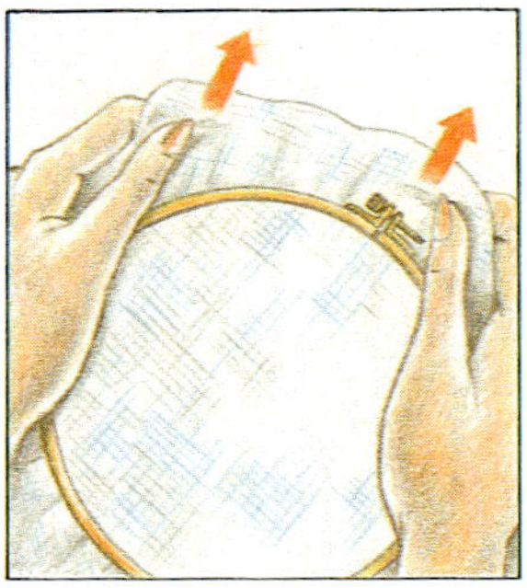

Ziehen Sie den Stoff an allen Seiten gleichmäßig zurecht und drehen Sie die Schraube fest.

Zum Herausnehmen der fertigen Stickerei lösen Sie einfach die Schraube und drücken den inneren Ring nach unten.

Handhabung des Stickgarns

Gehen Sie achtsam mit dem Garn um, damit es sich nicht verdrillt. Die Fäden werden auf 40 bis 50 cm Länge geschnitten (längere würden sich verdrehen und verknoten). Wenn Sie keinen Fadenhalter (Seite 17) verwenden, heben Sie auf jeden Fall die kleinen Banderolen mit den Farbnummern auf, falls Sie Garn nachkaufen müssen.

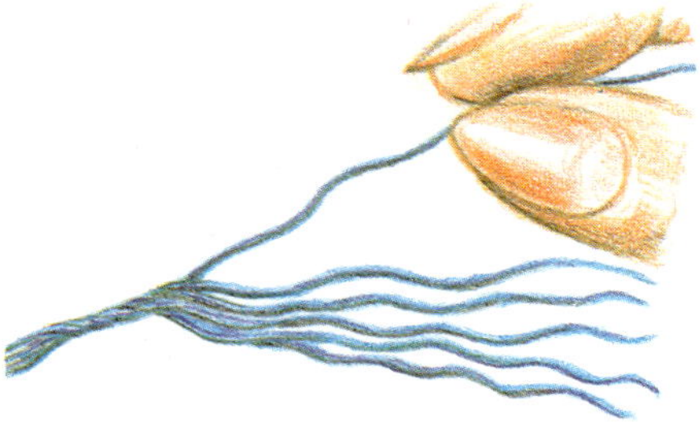

Spalten von sechsfädigem Sticktwist: Schneiden Sie die gewünschte Länge ab und ziehen Sie die Fäden einzeln heraus.

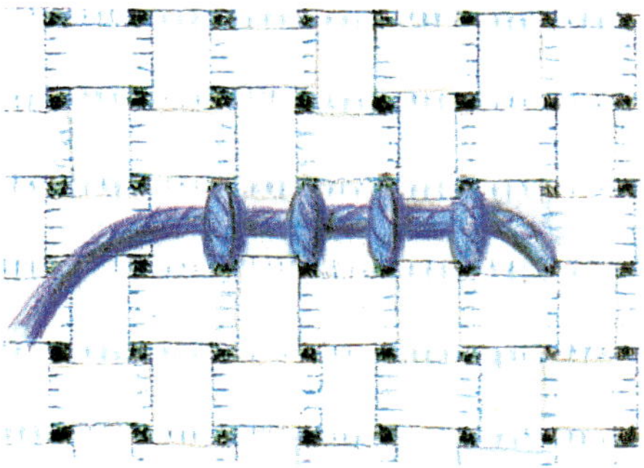

Beim Kreuzstich machen Sie am Fadenanfang oder -ende niemals einen Knoten, da er sich beim Bügeln durchdrücken würde.
Der Fadenanfang liegt auf der Rückseite und hängt etwa 2,5 cm aus dem Stoff. Mit den ersten Stichen wird er, wie links zu sehen, gehalten.

Alternativ hierzu verwenden Sie das (in die halbe endgültige Dicke gespaltene) Garn doppelt. Es wird 90 bis 100 cm lang abgeschnitten, in der Mitte gefaltet und an den losen Enden durchs Öhr gefädelt. Am anderen Ende entsteht eine Schlaufe.

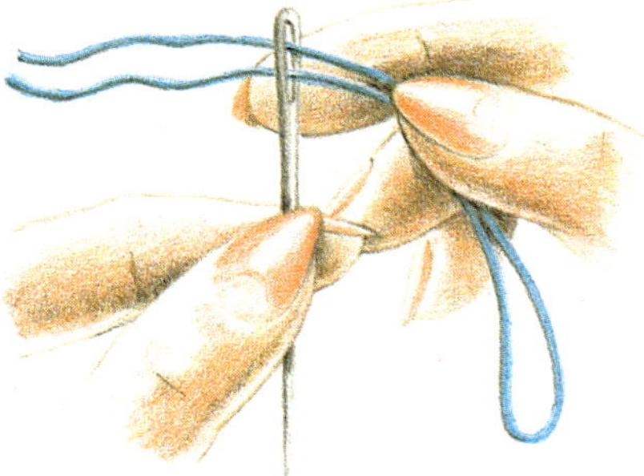

Arbeiten Sie einen halben Kreuzstich und ziehen Sie den Faden auf der Rückseite durch die Schlinge. Bei dieser Methode haben Sie keine Fadenenden auf der Rückseite.

Dieser Trick eignet sich besonders bei sehr kleinflächigen Stickereien. Überschlagen Sie vorher den etwaigen Fadenverbrauch. Das Fadenende übersticken Sie auf der Rückseite mit den fünf oder sechs letzten Stichen. Schneiden Sie das Fadenende knapp ab (etwa 5 mm überstehend).

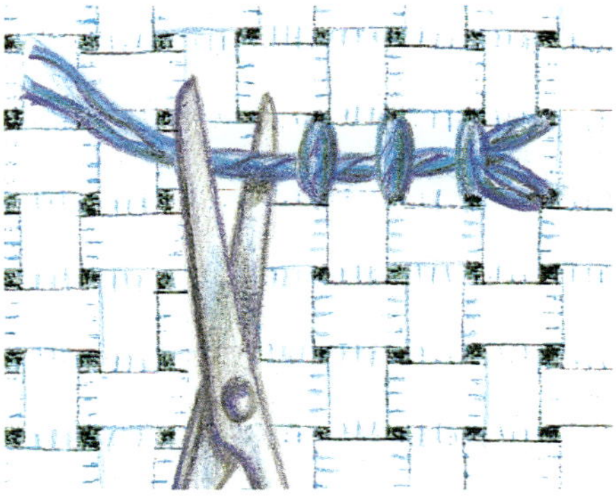

Allgemeine Hinweise

Kreuzstichmuster werden meist in der Mitte beginnend nach außen gestickt. Bei dünnen, durchscheinenden Stoffen sollten die Fäden nicht auf der Rückseite von einem Farbfeld zu einem weit entfernt liegenden anderen gezogen werden. Lieber vernähen und neu ansetzen. Ansonsten können Sie sie auf der Rückseite unter ein paar Stichen hindurch an die gewünschte Stelle führen.

Nehmen Sie sich bei den Vorbereitungen viel Zeit und zählen Sie die Stiche und Stoffgrößen mehrmals aus. Auch die Dicke des Garns sollte genau geprüft sein. Wenn Sie eine exakte Anleitung haben, lesen Sie sie vor dem Beginnen gut durch.

Ihr erstes Stück

Dieses kleine Mustertuch stellt mehrere Techniken vor und eignet sich gut zum Ausprobieren und Kennenlernen. Arbeiten Sie es mit den beiliegenden Materialien nach und verwenden Sie es als Lesezeichen oder gerahmt als kleines Bildchen.

Links oben beginnen Sie mit in zwei Fäden gespaltenem Garn die Kreuzstiche. Die geraden Stiche werden mit einfachem Faden ausgeführt.

Hübsche Ornamente auf Heimtextilien sind mit Kreuzstichen schnell und einfach gestickt.

Geschirrtuch für die Küche

Die Schrift wird in einer einzigen Farbe auf einem eingewebten Aida-Band ausgeführt.

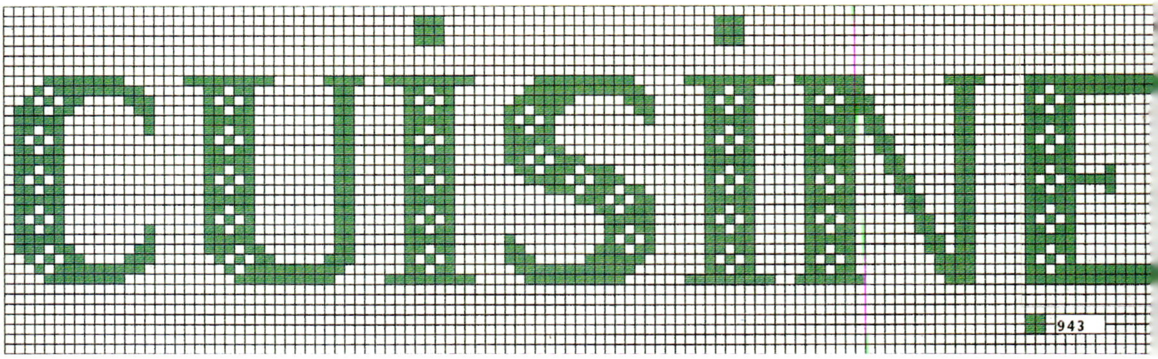

Sticken

Markieren Sie die Mitte der Vorlage sowie des zu bestickenden Webbandes. Heften Sie eine Linie auf, die die unteren Buchstabenränder festlegt. Verwenden Sie in drei Fäden gespaltenes Garn. Bügeln Sie das Ganze von der Rückseite.

Material

- *1 grünes Geschirrtuch mit eingewebtem Aida-Band*
- *3 Stränge DMC-Garn 943*

Geschirrtuch mit Lauch und Kürbis

Die Gemüsemotive sind in sehr natürlich wirkenden Farben, passend zum vorgegebenen Stoffmuster, ausgeführt. Unten sehen Sie eine Kombination mit Lauch und Kopfsalat.

Material
- *1 gelbes Geschirrhandtuch*
- *je 1 Strang DMC-Garn in folgenden Farben:*

Kürbis
- *Grün 699*
- *Hellorange 972*
- *Orange 971*
- *Braun 976*
- *Braun 975*
- *Umrandung: 975*

Lauch
- *Weiß*
- *Lindgrün 472*
- *Hellgrün 3347*
- *Grün 3346*
- *Dunkelgrün 3345*
- *Umrandung: Dunkelgrün 895*
- *Umrandung Stiele und Wurzeln: Ocker 729*

Vorlagen auf Seite XII

Sticken

Markieren Sie die Mitte der Vorlagen (Seite XII) sowie die entsprechenden Stellen auf dem Stoff. Deuten Sie den unteren Stickrand mit einer Heftlinie an. Mit in drei Fäden gespaltenem Garn beginnen Sie 9 Kästchen vom linken Stoffrand entfernt mit dem Lauch, 18 Kästchen vom Rand mit dem Kürbis. Wiederholen Sie beide Muster immer wieder, wobei Sie die Abstände nach Bedarf für Ihr Geschirrtuch passend verändern. Umranden Sie die Motive mit doppeltem Faden. Von der Rückseite bügeln.

Geschirrtuch mit Lauch und Kopfsalat

Material
- *1 blaues Geschirrtuch mit eingewebtem Aida-Band*
- *je 1 Strang DMC-Garn in folgenden Farben:*

Kopfsalat
- *Blaßgrün 955*
- *Knallgrün 912*
- *Grün 910*
- *Umrandung: Dunkelgrün 986*

Lauch
(siehe oben)

Sticken

Markieren Sie Stoff und Vorlagen wie oben beschrieben. An beiden Seiten der vertikalen Mitte – 20 Kästchen davon entfernt – sticken Sie je einen Lauch. Mit einem Abstand von 12 Kästchen zwischen den Blättern sticken Sie eine zweite Lauchstange und mit wieder 12 Kästchen Abstand einen Salatkopf. Immer dieselbe Anzahl Fäden verwenden. Bügeln.

Samensäckchen

Mit den Gemüsemustern der vorhergehenden Seiten verzieren Sie diese drei reizenden Beutel aus Naturleinen-Borde (siehe Seite 6-7) mit einer dekorativen dunkelgrünen Einfassung. Sie eignen sich, mit einer grünen Schleife fest verschlossen, zum Aufbewahren von Sämereien.

Material

Für einen Beutel:

- *50 cm Naturleinen (24 Gauge), 13 cm breit, mit grüner Einfassung*
- *30 cm grünes Satinband, 6 mm breit*
- *je 1 Strang DMC-Garn in folgenden Farben:*

Lauch

- *Weiß*
- *Lindgrün 472*
- *Blaßgrün 3347*
- *Grün 3346*
- *Dunkelgrün 3345*

Kürbis

- *Grün 699*
- *Hellorange 972*
- *Orange 971*
- *Umrandung: Braun 975*

Radieschen

- *Rot 326*
- *Knallgrün 906*
- *Dunkelgrün 904*

Sticken

Setzen Sie die Schrift 10 cm von der Oberkante entfernt mittig auf den Stoff. Das Garn wird zum Sticken in zwei Fäden gespalten. Falten Sie den Stoff in der Mitte und setzen Sie das Gemüsemotiv in der Mitte unter die Schrift. Mit einfachem Faden umranden. Beide Schmalseiten säumen und an den Längsseiten zu einem Beutel zusammennähen. Füllen und mit einer Schleife zubinden.

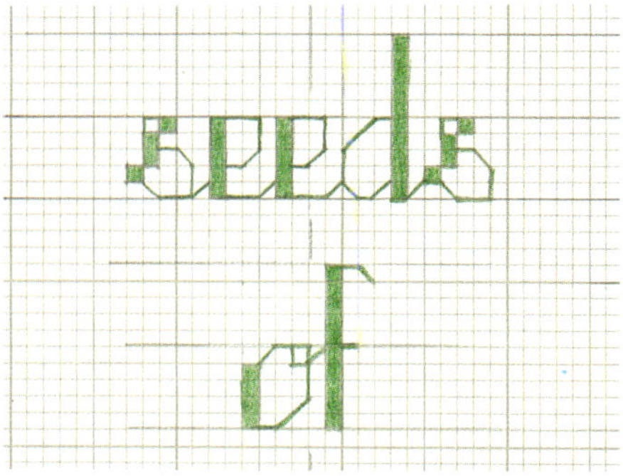

Tischsets

Ein frisches Sommermenü wird durch die lustigen Gemüse-Sets zusätzlich belebt. Hier werden nochmals alle vier Vorlagen verwendet.

Material
Für ein Tischset:
- *33 x 43 cm weißes Leinen (30 Gauge) plus Saumzugabe*
- *je 1 Strang DMC-Garn in folgenden Farben:*

Kürbis, Lauch und Radieschen
(siehe gegenüber)
Salatkopf
- *Blaßgrün 993*
- *Grün 992*
- *Dunkelgrün 991*
- *Umrandung: Dunkelgrün 500*

Sticken

Schneiden Sie die Sets entlang des Fadenverlaufs zurecht. Besticken Sie sie am oberen Rand entsprechend den Vorlagen mit den Gemüse-Motiven, 5 cm vom rechten Rand entfernt. Die geraden Linien mit einfachem Faden ausführen. Kanten nach den Anleitungen auf Seite 42-43 säumen und von der Rückseite bügeln.

5. KAPITEL

VERGRÖSSERN UND VERKLEINERN

„Es waren einmal drei Bärchen: Das eine war riesengroß, das zweite war mittelgroß, und das dritte war winzig klein ...“ Ein Motiv wird einfach durch Wahl eines groberen oder feineren Stickstoffes größer oder kleiner, wie die drei Bären auf diesen Seiten zeigen.

Jäckchen mit Bärenkind

Wenn Sie – wie hier – einen feinen Stoff mit nicht abzählbaren Fäden besticken möchten, legen Sie ein Stück groben Stickstoff auf und nähen die Stiche durch beide Lagen. Die Fäden des oberen Stoffes (meist Canevas) werden später einzeln ausgezogen.
Heften Sie den Canevas zunächst fest auf den Unterstoff, bevor Sie beide Lagen in den Rahmen spannen. Beim Nachsticken der Vorlage durch beide Schichten ziehen Sie die Fäden nicht zu fest. Eine Sticknadel mit Spitze ist hier sinnvoll. Entfernen Sie die Fäden des Hilfsstoffes einzeln – wenn nötig mit einer Pinzette.

Sticken

Heften Sie den Hilfsstoff auf der gewünschten Stelle an. Markieren Sie Stoff und Vorlage in der Mitte. Das Kreuzstichmuster ist mit einfachem Faden ausgeführt. Nach dem Entfernen des Hilfsstoffes bügeln Sie das Jäckchen.

Material

- *1 Flanelljäckchen*
- *10 x 10 cm Leinen (20 Gauge)*
- *je 1 Strang DMC-Garn in folgenden Farben: (siehe gegenüberliegende Seite)*

Brosche mit Mama-Bär

Material
- *1 fertige Brosche zum Einspannen das Stoffes, 5 cm groß*
- *10 cm weißes Leinen (26 Gauge)*
- *je 1 Strang DMC-Garn in folgenden Farben:*
- *Hellbraun 437*
- *Braun 435*
- *Umrandung: Dunkelbraun 433*
- *Gelb 744*
- *Blau 809*
- *Umrandung: 783*
- *Orange 742*
- *Schwarz 310*
- *Umrandung: Dunkelblau 798*

Sticken

Sticken Sie das Bärenmotiv mitten auf den Stoff. Jeder Stich geht über ein Fadenkreuz, der Stickfaden ist einfach genommen. Bügeln und nach Herstelleranweisungen in die Brosche einspannen.

Lätzchen mit Bärenkindern

Sticken

Markieren Sie die Mittellinien auf Vorlage und Stoff. Mit in zwei Fäden gespaltenem Garn sticken Sie nach der Vorlage einen Bärenjungen und ein Bärenmädchen fünf Kästchen von der senkrechten Mitte entfernt auf den Stoff. Mit einfachem Faden Umrandungen sticken und von der Rückseite bügeln.

Material
- *1 Kinderlätzchen mit eingewebtem Aida-Band*
- *je 1 Strang DMC-Garn in folgenden Farben: (siehe Bärenbrosche) zusätzlich Grün 913 für die Blumenstiele auf dem Bären-Röckchen*

In den vorangegangenen Beispielen wurden die Motive einfach durch Wahl eines feineren oder groberen Stoffes vergrößert und verkleinert. Sie können aber auch vergrößern, indem Sie jeden Stich über zwei oder mehr Fadenreihen sticken. Das Monogramm unten wurde beispielsweise über zwei Fadenreihen geführt (restliches Alphabet auf Seite IX).

Monogramm-Medaillon

Sticken

Verwenden Sie in zwei Fäden gespaltenes Garn. Fertiges Stück bügeln und in den Rahmen einspannen.

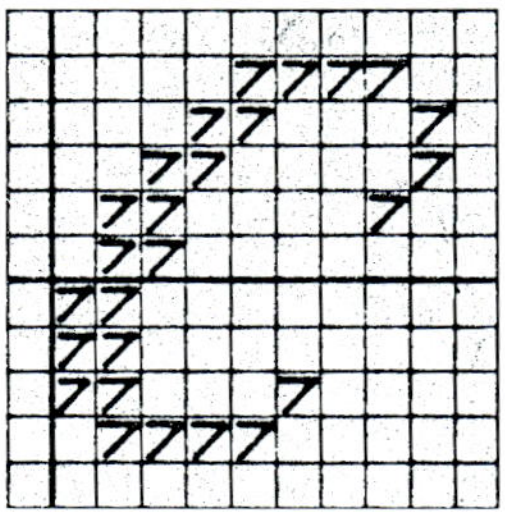

Material

- *1 ovales Medaillon*
- *1 kleines Stück Leinenstoff (30 Gauge)*
- *DMC-Garn in beliebiger Farbe (hier wurde Blau 826 verwendet)*

Handtuch mit Monogramm

Material

- *Frotteehandtuch mit eingewebtem Aida-Band*
- *je 1 Strang DMC-Garn in folgenden Farben:*
- *Zartrosa 353*
- *Rosa 352*
- *Blaugrün 993*
- *Dunkel-Blaugrün 991*

Sticken

Übertragen Sie Ihre Initialen mit vier Kästchen Abstand zwischen beiden Buchstaben auf die Stoffmitte. Die Kreuzstiche werden über zwei Fadenreihen gearbeitet. Die Bordüre hat acht Kästchen Abstand zu den Buchstaben. Sie werden mit doppeltem Faden nur über jeweils ein Kästchen gearbeitet. Bügeln.

Wenn Sie ein kleines Motiv vergrößern wollen, wie in diesem letzten Beispiel, werden die Umrisse vielleicht zu grob und ungenau. In diesem Fall nehmen Sie am Rand Kästchen weg oder fügen neue ein.

Kaninchen-Dose

Material

- *1 weiße Porzellandose*
- *1 kleines Stück weißes Leinen (30 Gauge)*
- *je 1 Strang DMC-Garn in folgenden Farben:*

Kaninchen

- *Braun 3064*
- *Weiß*
- *Umrandung: Dunkelbraun 632*

Salatkopf

- *Blaugrün 993*
- *Grün 992*
- *Dunkelgrün 991*
- *Umrandung: Dunkelgrün 500*

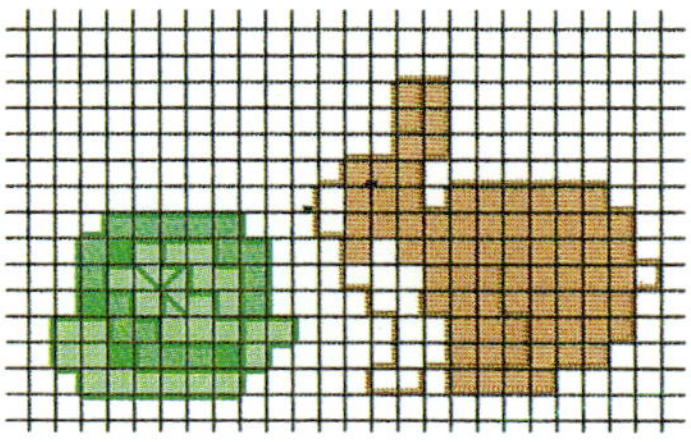

Sticken

Teilen Sie das Garn in zwei Fäden (für die Umrandung einen) und sticken Sie über je zwei Stoffäden. Bügeln und nach Herstelleranweisungen in den Rahmen einpassen.

Großes Kaninchen-Kissen

Material

- *20 x 28 cm Ecru Lugana*
- *30 x 60 cm karierter Baumwollstoff*
- *Kissenfülle, 30 x 30 cm*
- *je 2 Stränge DMC-Garn in folgenden Farben:*
- *Braun 3064*
- *Dunkelbraun 632*
- *Weiß*
- *je 1 Strang:*
- *Fleischfarben 950*
- *Rosa 353*
- *Dunkelgrau 3799*

Sticken

Das Kaninchen sollte in der Stoffmitte sitzen. Die Kreuzstiche werden mit in zwei, die Umrandung mit in einen Faden gespaltenem Garn ausgeführt Alle Seiten säumen bevor das Bild auf den Kissenbezug genäht wird.

Vorlage siehe Seite XII.

6. Kapitel

Bordüren

Gestickte Borden und Bordüren finden sich in vielen Kreuzsticharbeiten. Beispielsweise werden Mustertücher oft damit umrahmt, um das Bild „künstlerischer“ erscheinen zu lassen. Auch gekaufte Stoffborden lassen sich durch die regelmäßigen Muster gut besticken, wie die folgenden Seiten zeigen.
Eine Bordüre besteht aus kleinen, sich stets wiederholenden Motiven, so daß ein ruhiges, ausgewogenes Bild entsteht. Fast jedes Motiv eignet sich für regelmäßige Wiederholung, solange Farben und Formen immer korrespondieren.
Die Terrakotta-Borde setzt sich aus sechs unterschiedlichen Formen zusammen: drei runden und drei eher kantigen. Am einfachsten werden die runden und eckigen Töpfe abwechselnd mit gleichem Abstand gesetzt, doch auch eine paarweise Gruppierung wäre möglich; ebenso die gezeigte Reihenfolge in unterschiedlichen Farben ausgeführt.

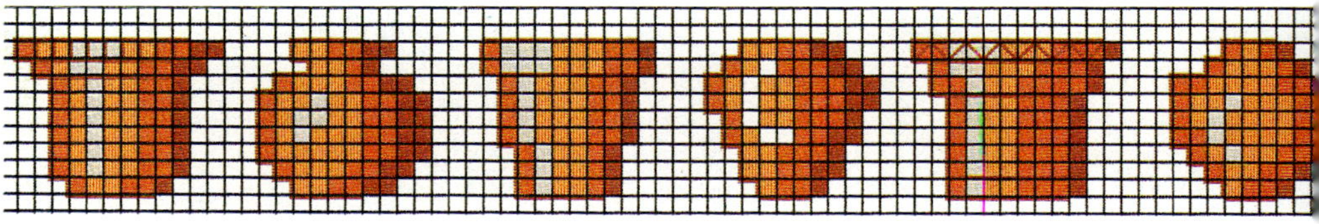

Der Rhythmus einer Bordüre läßt sich durch unterschiedliche Farbakzente stark variieren, wie Sie an den unteren Beispielen sehen: Einmal sind die horizontalen Linien durch dunklere Farben betont, einmal die vertikalen.

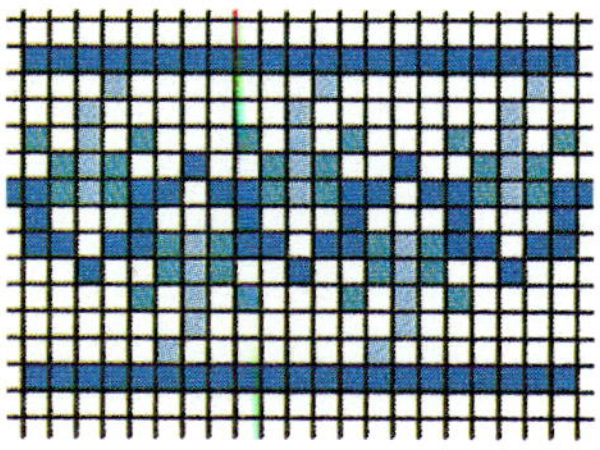

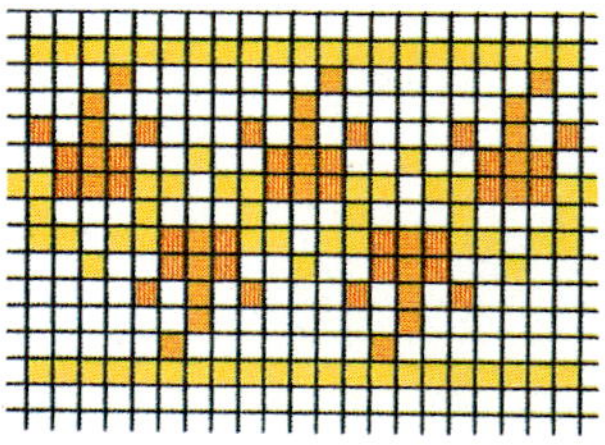

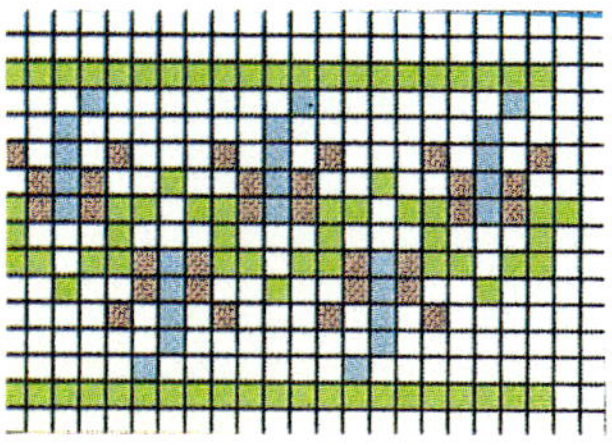

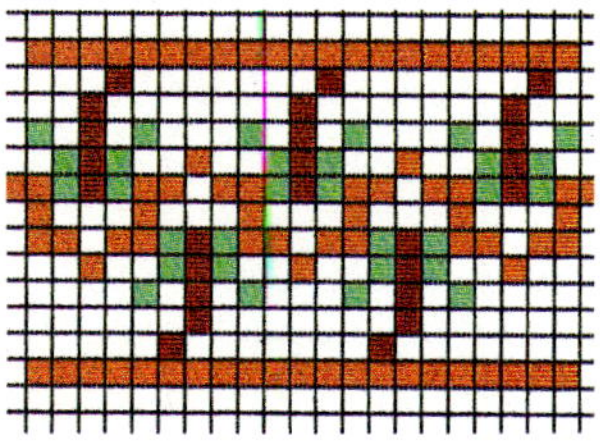

Es spielt also auch die Farbwahl (von warmen oder kalten, hellen und dunklen Tönen) sowie die Kombination (Kontraste, Ton-in-Ton, Pastell- oder Primärfarben) eine Rolle.

Wie stickt man am schnellsten eine Bordüre

Sticken Sie jeden Stich einzeln vollständig fertig, bevor Sie zum nächsten übergehen. Verwenden Sie mehrere Nadeln für die einzelnen Farben, um nicht dauernd absetzen zu müssen.

Borde mit Blumentöpfen

Sticken

Teilen Sie das Garn in zwei Fäden. 10 cm vom linken Rand und 9 Kästchen über der Unterkante beginnen. Sticken Sie die Sechserserie nach der Vorlage mehrmals hintereinander, bis die Borde voll ist. Zwischen den Motiven sind – an der Basis gezählt – je 19 Kästchen frei. Jeder Stich geht über ein Fadenkreuz. Zum Schluß bügeln.

Material
- *5 cm breites weißes Aidaband (15 Gauge), Länge passend zum Korb*
- *1 Henkelkorb*
- *je 1 Strang DMC-Garn in folgenden Farben:*
- *Weiß*
- *Hellorange 402*
- *Terrakotta 921*
- *Braun 918*
- *Umrandung: Braun 918*

Topfpflanzen-Bordüre

Material
- *Weißes Leinenband mit blauer Einfassung, 8 cm breit (30 Gauge)*
- *je 1 Strang DMC-Garn in folgenden Farben:*

Töpfe
- *Blaßblau 827*
- *Blau 826*
- *Dunkelblau 824*
- *Verzierung: 1 Faden Grün 943*
- *Umrandung: 824*

Pflanze 1
- *Grün 904, 906 und 907*

Pflanze 2
- *Grün 909, 911 und 955*
- *Orange 741*

Pflanze 3
- *Zweige: 700, 702 und 704*

Pflanze 4
- *472, 470 und 937*
- *Umrandung: 1 Faden 937*

Pflanze 5
- *Grün 700, 702 und 704*
- *Stamm: 780*
- *Umrandung: 1 Faden 986*

Pflanze 6
- *Grün 471, 937, 1 Faden*

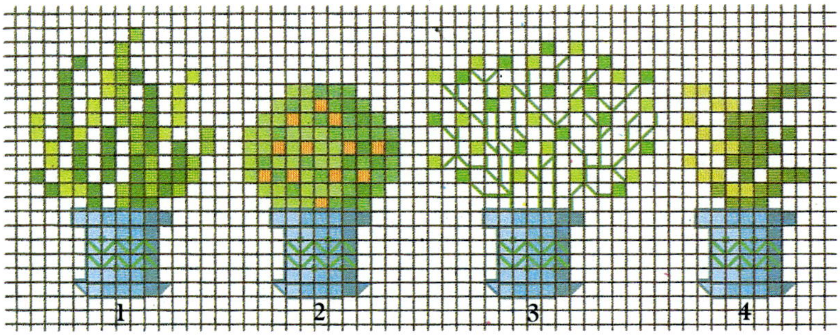

Pflanze 7
- *Grün 909, 911, 955*
- *Umrandung: 909*

Pflanze 8
- *Grün 904, 906 und 907 für die Stengel*
- *Orangegelb 741, 473 für die Blüten*

Sticken

Rechnen Sie aus, wieviel Borde Sie für ein Regal brauchen, und säumen Sie das entsprechend abgeschnittene Band auf beiden Seiten. Die Topfränder beginnen 8 Fäden vom unteren Bordenrand entfernt und liegen in der untersten Stickreihe 20 Fäden auseinander. Die Kreuzstiche führen Sie mit zwei Fäden über je zwei Stoffäden, die Umrandungen werden mit einfachem Faden ausgeführt. Bügeln und mit doppelseitigem Klebeband an den Regalen befestigen.

Segelschiff-Bordüre

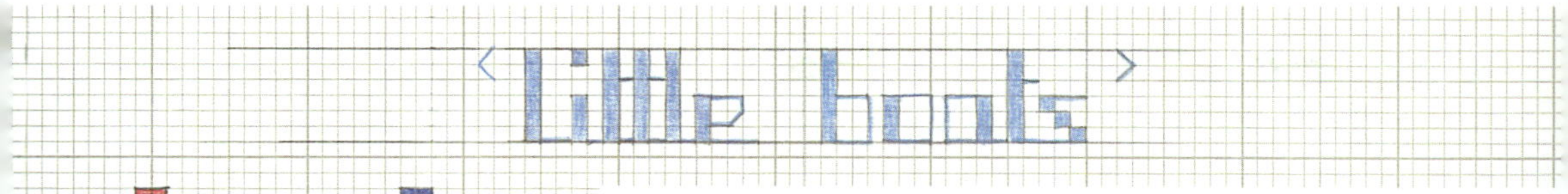

Diese Bordüre setzt sich aus lauter gleichen, aber in zwei unterschiedlichen Farben ausgeführten Schiffen zusammen.

Material

- *1 Trinkbecher*
- *weißer Aida-Stoff (14 Gauge), passend für den Becher*
- *je 1 Strang DMC-Garn in folgenden Farben:*
- *Rot 321*
- *Hellblau 747*
- *Graublau 334*
- *Mittelblau 797*

Sticken

Beginnen Sie zwei Kästchen von der linken Seite und drei Kästchen vom unteren Stoffrand entfernt mit den Wellen. Die Kreuzstiche werden mit zwei Fäden, die Umrandungen mit einem Faden gestickt.

7. KAPITEL

EIGENE ENTWÜRFE

1) Zeichnen Sie das gewünschte Objekt auf und füllen Sie die Umrisse mit Farbe.

2) Übertragen Sie mit Hilfe von Paus- oder Kohlepapier das Muster auf Kästchenpapier. Je feiner die Rasterung, desto feiner werden auch die Umrisse der Stickerei. Grobe Stickereien wirken immer stilisiert und einfach. Notfalls mehrere Versuche machen. Das hier verwendete Raster hat fünf Kästchen pro Zentimeter.
3) Mit Bleistift übertragen Sie die Umrisse in das Raster und grenzen anschließend die Felder für die einzelnen Farben durch Linien ab.
4) Übertragen Sie die Skizze mit feinem Bleistift (2H) nochmals auf Kästchenpapier (im Beispiel A wurde die erste Skizze mit Tinte nachgefahren, damit sie besser sichtbar ist).

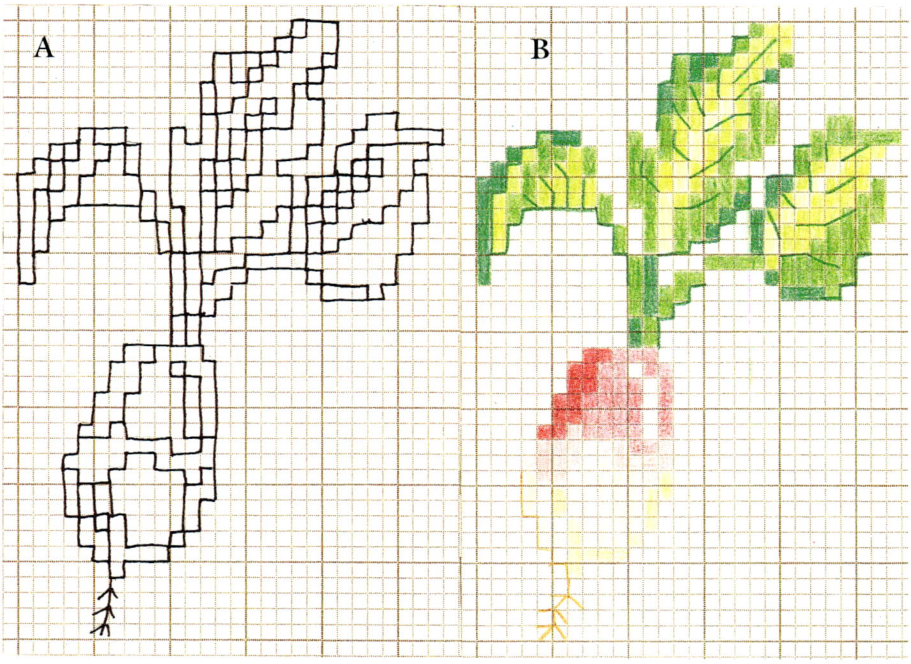

5) Tragen Sie nun mit Buntstiften die Farben ein. Buntstifte erlauben verschiedene Abtönungen durch stärkeres oder schwächeres Aufdrücken, sind in sehr vielen Farben erhältlich und lassen sich leicht ausradieren. Bitte auch einige weiße Stellen (weißes Garn oder ganz unbestickt lassen) einbauen, damit die Formen betont werden (Zeichnung B).
6) Nach Wunsch können Sie die fertigen Muster auch in das übliche Schwarzweiß-Schema übertragen (beispielsweise, damit es sich besser fotokopieren läßt). Jede Farbe erhält dabei ein eigenes Symbol (Zeichnung C).
7) Jetzt müssen Sie nur noch die genau passenden Garne aus der reichhaltigen Palette auswählen, und schon können Sie mit dem Sticken beginnen.

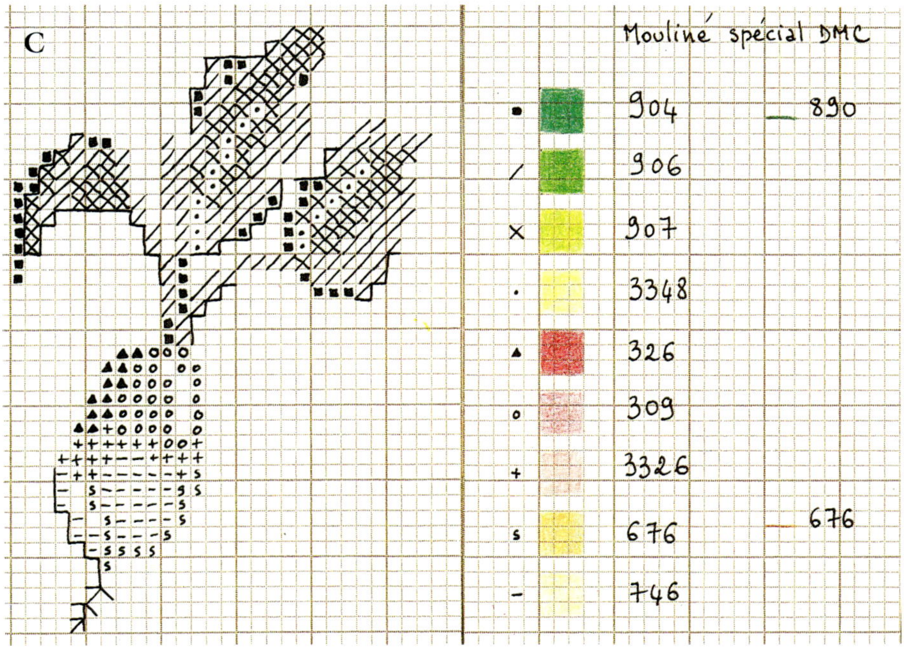

Topflappen mit Radieschen-Muster

Material
- *1 vorgefertigter Topflappen*
- *je 1 Strang DMC-Garn in folgenden Farben:*
- *Hellrosa 3326*
- *Rosa 309*
- *Pink 326*
- *Cremeweiß 746*
- *Wurzeln und Umrandung: Beige 676*
- *Lindgrün 3348*
- *Knallgrün 907*
- *Grün 906*
- *Dunkelgrün 904*
- *Blattadern und Umrandung: 890*

Sticken

Markieren Sie die Mitte des Topflappens und der Vorlage wie auf Seite 16 beschrieben. Mit zwei Fäden wird gestickt. Von der Rückseite bügeln.

KOMPOSITION

Sehr wichtig für den Gesamteindruck ist die gefällige Anordnung der Einzelelemente. Das Arrangieren folgt dabei nicht strengen Regeln, sondern wird teilweise durch den persönlichen Geschmack bestimmt. Dennoch gibt es einiges zu beachten – zum Beispiel eine ausgewogene Farbzusammenstellung –, wie wir auf den folgenden Seiten sehen.

UMRISSE

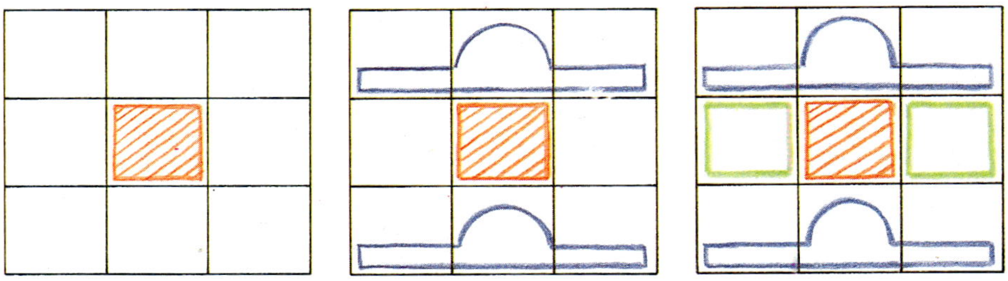

Im gezeigten Bild ist das Alphabet das wichtigste Element und wurde entsprechend in der Mitte plaziert. Der seitliche, obere und untere Rahmen wird durch geometrische Figuren gebildet.
Nachdem der Platz auf diese Art aufgeteilt ist, werden die Zwischenräume mit ähnlichen einfachen geometrischen Figuren gefüllt, wie gegenüber zu sehen ist.

Kreise ○ für Kürbisse
Dreiecke ▽ für Radieschen
Vierecke □ für Salatköpfe
Rechtecke mit Sternchen für Lauch

Wenn die Komposition gefällt und ausgewogen erscheint, werden die Farben gewählt. Denken Sie wieder an die unterschiedlichen Wirkungen von hellen und dunklen, warmen und kalten Tönen. Stimmen Sie alle diese Gestaltungsmöglichkeiten auf das gewählte Thema der Stickerei ab.
Im Beispiel wurden frische, fröhliche Primärfarben gewählt. Die kräftigen Töne der Buchstaben in der Mitte korrespondieren mit den weiteren Motiven. Die Töpfe im Hintergrund sind in kalten Farben (Blau und Grün) gehalten, wodurch sich die räumliche Tiefe verstärkt, während das warme Braun der Terrakottatöpfe optische Nähe suggeriert. Die orangen Tupfen auf der Bärenkleidung heben sich gut vom Blau (Komplementärfarbe) des Hintergrunds ab.

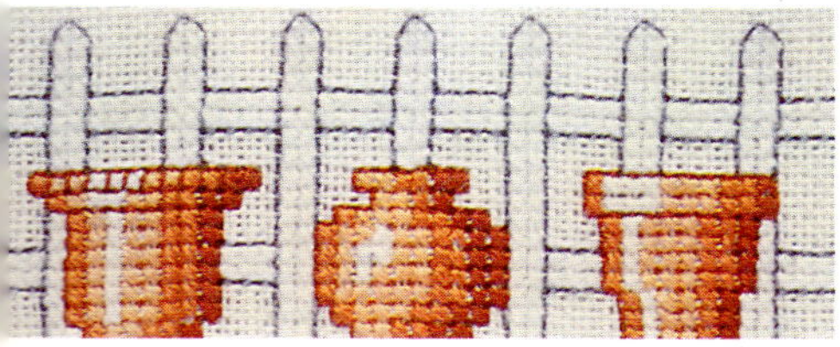

Hier finden Sie weitere Beispiele für eine „geometrische" Komposition auf kariertem Hintergrund. Die Karos bestimmen teilweise die Anordnung der Motive – ob sie nun auf oder an den Verbindungsstellen zwischen zwei Stoffarben liegen. Wählen Sie nach Belieben kontrastierende oder pastellartige Farbzusammenstellungen. Der Bienenkorb wurde in ein dunkles Karo gesetzt und füllt dieses fast aus. Die Bienen dagegen liegen in weißen Feldern, so daß auch die ungestickten Teile der Flügel transparent erscheinen. Damit das Ganze nicht zu streng eingegliedert wirkt, ragen die Flügel und Beine der Bienen in die Nachbarfelder hinein, ebenso das Dach des Bienenkorbes. Damit keine allzu strenge Symmetrie aufkommt, wurde schließlich noch ein Bienenschwarm seitlich am Bienenkorb angebracht.

Die beiden folgenden Muster zeigen klassische Kompositionen – einen Kreis mit Mittelmotiv. Die Pflanze im ersten Beispiel wird durch einen einfachen Ring aus den Komplementärfarben Orange und Blau eingeschlossen, während im zweiten rundumlaufende Tulpen ebenfalls einen annähernden Kreis ergeben.

Gleichzeitig sehen Sie an den beiden Beispielen, was für interessante Stickmuster sich aus ganz alltäglichen Objekten ergeben können.

Deckchen für ein Honigglas

Material

- *15 x 15 cm weißer Baumwollstoff (16-18 Gauge)*
- *60 cm schmales honigfarbenes Satinband*
- *je 1 Strang DMC-Garn in folgenden Farben:*

Bienenstock

- *Beige 437*
- *Braun 433*
- *Umrandung: Braun 433*
- *Dunkelgrau 3799 (zwei Linien)*

Bienen

- *Gelb 725*
- *Schwarz 310*
- *Dunkelbraun 938*
- *Beige 677*
- *Umrandung: Braun 433*

Sticken

Markieren Sie auf Stoff und Vorlage den Mittelpunkt. Mit einfachem Faden, jeweils nur über ein Fadenkreuz geführt, sticken Sie den Bienenkorb auf ein dunkles Karo in der Stoffmitte. Dann folgen die Bienen in den vier Ecken auf weißen Karos. Die Umrandung wird mit einfachem Faden gestickt. Stoffkanten schmal einsäumen, Stoff von hinten bügeln. Zuerst mit Gummiband auf dem Honigglas befestigen, Schleife darüber binden.

Briefbeschwerer

Material

- *1 runder Briefbeschwerer mit Einspannvorrichtung für Stoff, etwa 8 cm im Durchmesser*
- *10 x 10 cm weißes Leinen (30 Gauge)*
- *je 1 Strang DMC-Garn in folgenden Farben:*

Topf

- *Blaßblau 827*
- *Blau 826*
- *Dunkelblau 824*
- *Blaugrün 943, Topf-Muster mit 1 Faden*
- *Umrandung: 824*

Pflanze

- *Blaßgrün 955*
- *Grün 911*
- *Dunkelgrün 909*
- *Orange 741*

Umrandung

- 826, 741

Sticken

Mit doppeltem Faden wird das Pflanzenmotiv in der Stoffmitte ausgeführt (jeweils über zwei Stoffäden sticken), mit einfachem die Umrandung. Stoff von der Rückseite bügeln und nach den Herstelleranweisungen in den Deckel-Rahmen spannen.

Dosendeckel

Material

- *1 ovales Döschen, etwa 8 cm groß*
- *15 x 15 cm naturweißes Leinen (30 Gauge)*
- *je 1 Strang DMC-Garn in folgenden Farben:*

Biene

(siehe Seite 40)

Tulpen

- *Gelb 725*
- *Rot 321*
- *Blaßgrün 913*
- *Grün 910*
- *Dunkelgrün 890 für die Stiele*

Sticken

Arbeiten Sie das Motiv mit doppeltem Faden, den Sie über je zwei Stoffäden führen, auf der Stoffmitte nach. Bügeln und nach Herstelleranweisungen in den Deckel einspannen.

9. Kapitel

Fertigstellung der Arbeiten

Zum Schluß folgen noch einige Hinweise und Tips für die abschließenden Arbeiten.

Saumstich

Feine „unsichtbare“ Stiche versäubern die Ränder sehr raffiniert. Farblich zum Stoff passendes Nähgarn und spitze Nähnadeln verwenden.

Hohlsaumstich

Dieser feine Abschluß ist ein zusätzliches Zierelement – vor allem für Tischsets – und eignet sich am besten für Stoffe mit Leinenbindung:

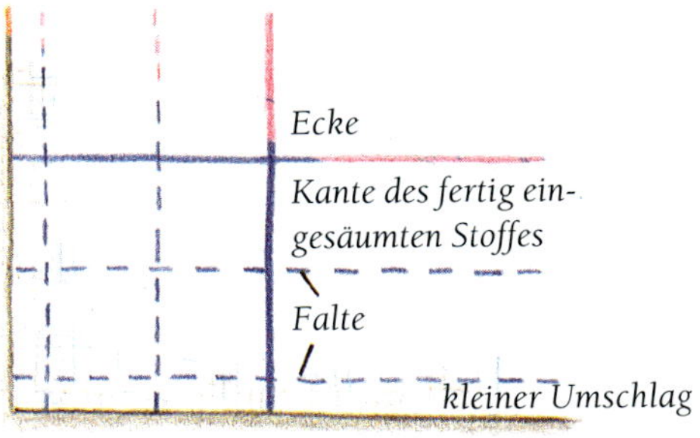

- Saum wie gezeigt vorbereiten
- zwei oder drei Fäden an der Innenkante entfernen
- mit feiner Sticknadel und Garn in der Stärke der Stoffäden die Stiche, wie auf der Zeichnung unten zu sehen, nacharbeiten.

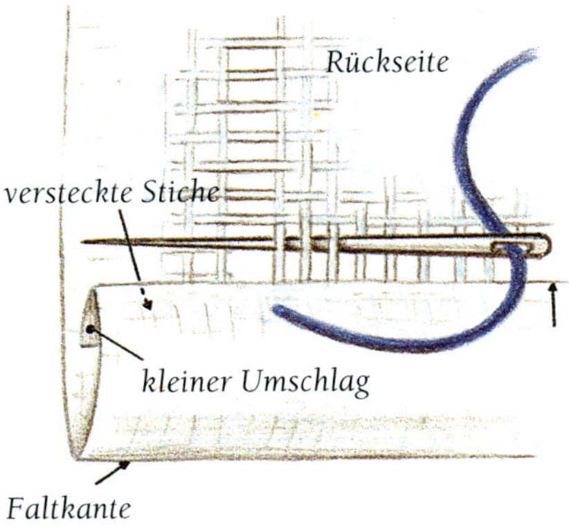

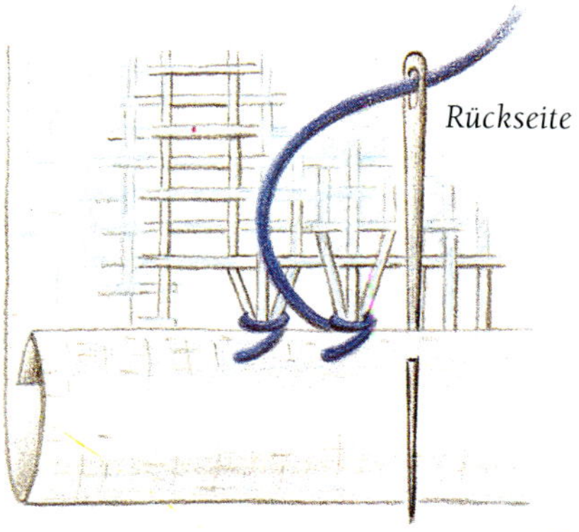

Fransen

Leinenbindige Stoffe jeder Machart lassen sich auf diese Weise abschließen. Die Fransen wirken leger und sind schnell gemacht.

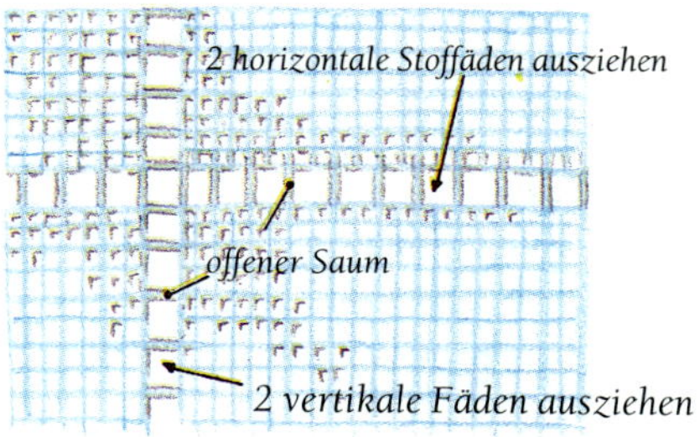

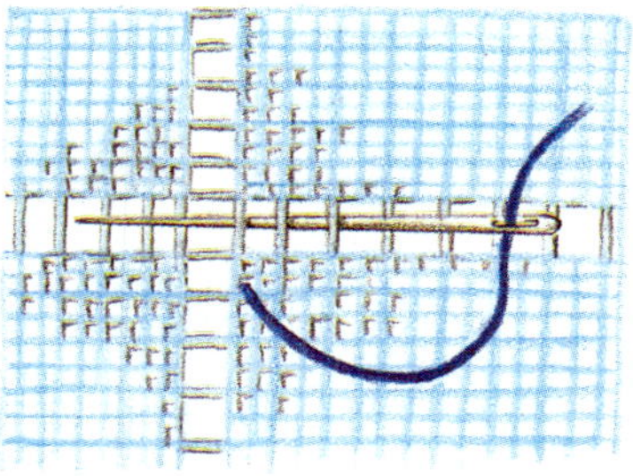

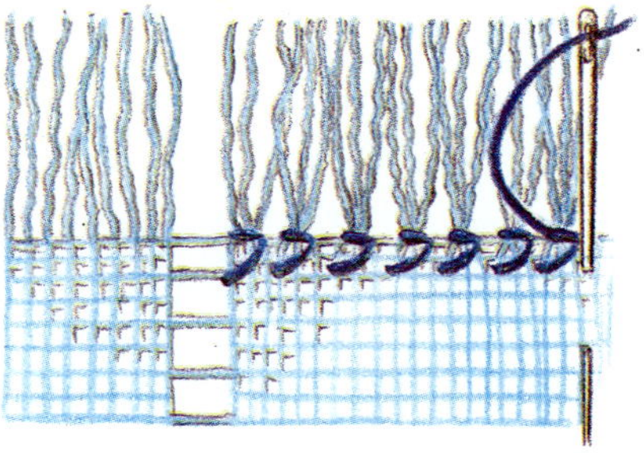

- bestimmen Sie die gewünschte Fransenlänge
- an der entsprechenden Linie zwei Stoffäden auf der ganzen Stofflänge ausziehen
- wie auf der Zeichnung gezeigt die Fransen durch Stiche befestigen
- restliche Fäden ausziehen.

Einfassung mit Stoffband

Statt einen Saum umzuschlagen, können Sie die Kante auch mit Schrägstreifen oder sonstigem Stoffband in kontrastierenden oder passenden Farben einfassen. Auch gemusterte Stoffe eignen sich, sofern das Muster mit der Stickerei korrespondiert.

- den Stoffstreifen an der Stoffkante anlegen, Vorderseiten aufeinander; entlang der ersten Faltkante festnähen
- Stoffstreifen über die Schnittkanten nach hinten falten, Kante der Einfassung nochmals nach hinten schlagen, anheften
- mit passendem Nähgarn und feinen Schlingstichen zunähen.

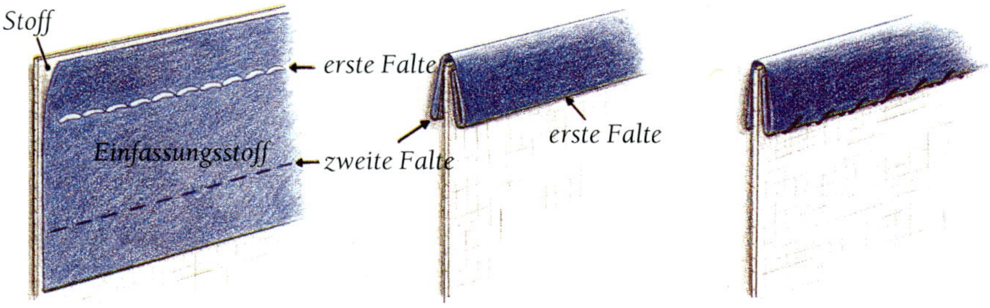

Knopflochstich

Der sichtbar bleibende Knopflochstich ist ein zusätzliches Dekorationselement. Er wird in passendem oder kontrastierendem Stickgarn von links nach rechts ausgeführt. Die Nadel läuft wie auf der Zeichnung gezeigt.

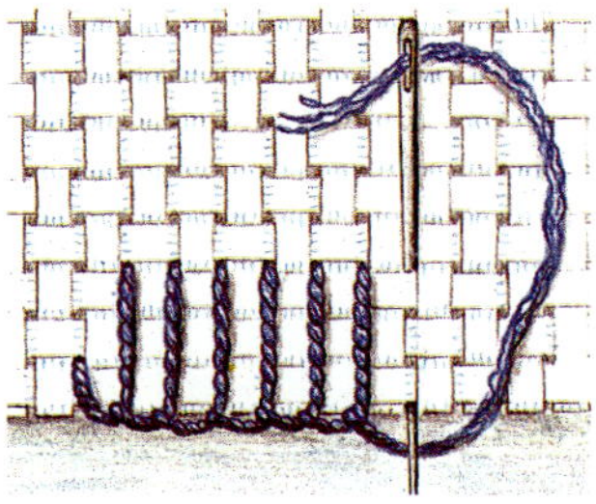

ISINE

Die wenigen ausgewählten Beispiele dieses Buches haben Ihnen verschiedenste Möglichkeiten für hübsche Kreuzstich-Verzierungen gezeigt. Lassen Sie sich dadurch zu eigenen kreativen Entwürfen und Arbeiten inspirieren.

Ausblick

Beim Nacharbeiten der einzelnen Motive und des Mustertuches mit dem Gartenthema haben Sie einen guten Eindruck von den Möglichkeiten des Kreuzstichs erhalten.
Beim Entwerfen der Muster dieses Buches bin ich davon ausgegangen, daß Sie durch einfache Objekte genügend Praxis bekommen, um Ihre eigenen Ideen umsetzen zu können.
Die Vorschläge im Buch sind wie gesagt bewußt schlicht und leicht ausführbar gehalten. Neben den Schritt-für-Schritt-Anleitungen für die einzelnen Projekte finden Sie aber auch genaue Hinweise zum Verwirklichen eigener Entwürfe. Sich ganz individuelle Muster auszudenken, ist für Anfänger wie auch Stick-Profis ausgesprochen reizvoll.
Da die Stickerei sowohl eine Handarbeitstechnik ist und eine gewisse Handfertigkeit erfordert, als auch eine Kunst, können manchmal Schwierigkeiten auftreten. Ihr eigener Entwurf muß nicht gleich in allen Teilen völlig neu sein. Er kann sich genauso aus bereits vorgegebenen Elementen, die einfach neu kombiniert werden, zusammensetzen. Viele Stickerinnen und Sticker entwickeln gerade darin einen ganz individuellen Stil.
Ebenso können Mustervorlagen durch Zufügen oder Verändern einzelner Elemente, Variation der Farbzusammenstellung etc. nach persönlichem Geschmack abgewandelt werden. Nach diesem Prinzip entstehen oft die Mustertücher von Schülerinnen.
Manchmal macht es auch großen Spaß, einfach ohne die Mühe eines eigenen Entwurfs spontan los zu sticken und dabei einem augedachten Muster zu folgen. Wir können uns ohne weitere Überlegungen rein auf das Sticken konzentrieren und uns dabei herrlich entspannen. Das den Entwürfen meist beigegebene Farbfoto läßt uns über die Resultate nicht im unklaren.
Am Ende des Buches hoffe ich daher, daß Sie genügend Einblick in die Technik erhalten haben, um Ihre eigenen Vorstellungen verwirklichen zu können. Bereits das von mir gewählte Gartenthema bietet die Möglichkeit zu endlosen Variationen: Inspiration liefern bunte Bauerngärten, die strengen Muster von Parklandschaften genauso wie Spezialitäten aus botanischen Sammlungen. Was auch immer Sie sich als Thema wählen, ich hoffe, Sie haben viel Freude beim Sticken und mit den fertigen Werkstücken.

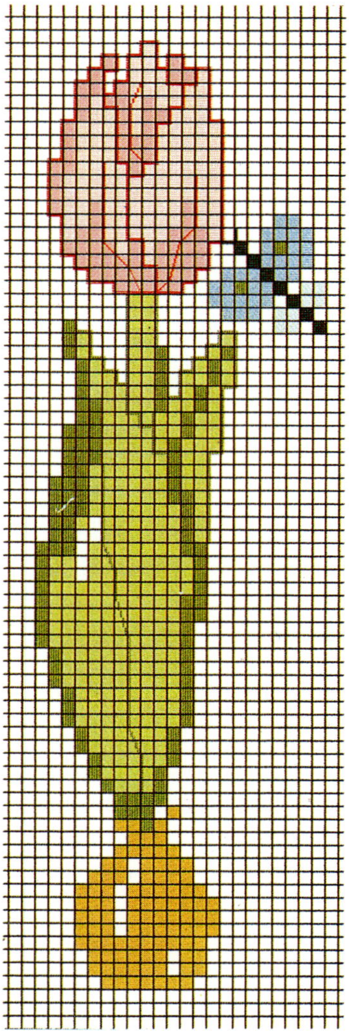

Lesezeichen mit Tulpe

Diese hübsche rosa Tulpe samt Zwiebel wirkt auf einem einfachen Lesezeichen ganz reizend. Sie können sie aus den beiliegenden Materialien anfertigen. Wie Sie die Fransen säubern, ist auf Seite 43 beschrieben.

Sticken

Sticken Sie das Motiv mitten auf den Stoff (siehe Seite 19). Das Garn wird in zwei Fäden gespalten, jeder Stich führt über ein Stoffkästchen. Die Umrandungen werden mit einfachem Faden gearbeitet.

Material

- *1 rechteckiges Stück Aidastoff (12 Gauge)*
- *je 1 Strang DMC-Garn in fogenden Farben:*
- *Blaßrosa 776*
- *Rosa 3712*
- *Pink 309*
- *Ocker 783*
- *Grün 3348*
- *Olivgrün 3012*
- *Blaßblau 747*
- *Blau 519*
- *Dunkelblau 3750*
- *Weiß*

Danksagung

Verlag und Autorin bedanken sich bei der Firma DMC, besonders bei Corinne Valette, außerdem bei Christine Certain; ferner beim Design-Team von DMC: Isabelle Fauquet, Veronique Enginger und Christine Pique für ihre Hilfe bei der Erstellung der Vorlagen.

Schließlich möchte ich auch meinem Mann und meinen Kindern für die Geduld und Hilfe beim Entstehen dieses Buches danken.

Die Produktion des Buches übernahmen Dominique Artigaud, Laurence Bulle und Jean-Noël Mouret.

Die in diesem Buch vorgestellten Stickgarne, Stoffe und Accessoires stammen von DMC.

Wenn Sie die folgenden 16 Seiten kopieren und aneinander legen, erhalten Sie die komplette Vorlage für das große Mustertuch von Seite 36-37. Die Vorlagen für Lauch, Kürbis und Salatkopf von Seite 23 sowie für das Kaninchen von Seite 29 finden Sie auf Seite XII.

DMC-Garn			
•	Weiß		
ℰ	Naturweiß		
⊡	739		Beige
x	644		
	640	d	
7	744		Gelb
o	742		Orange
+	741		
X	740		
$	972		
▼	971		
ω	402		Braun
Ψ	921		
◖	918	r	
	783	m	
‡	729		
⋋	437		
c	435		
◆	780		
◆	976		
▽	975	q	
ø	433	n	
●	801	t	
	938	p	
µ	3772		
	632	u	
	3685	b	Rosa/Rot
/	3350		
6	326		
∠	321	ø	
÷	3733		
ℭ	554		Lila
Y	208		
α	3746		
I	809		Blau
	798	f	

U	827		
–	826		
◐	824	v	
⟍	747		halber Kreuzstich
	943	g	Grün
T	993		
8	992		
◢	991		
	500	s	
◇	955		
ꓘ	911		
⬮	909	k	
⌵	704		
⌵	702		
Ø	700	a	
}	699		
⊙	369		
Z	472		
—	471	j	
-x-	470		
▲	937	h	
//	320		
ø	319		
	890	i	
+	3348		
3	3347		
=	3346		
ø	3345		
◆	895		
%	907		
⊘	906		
L	904	l	
\	762		Grau
□	414	c	
/.	415		
◩	3799	e	
■		N	Schwarz

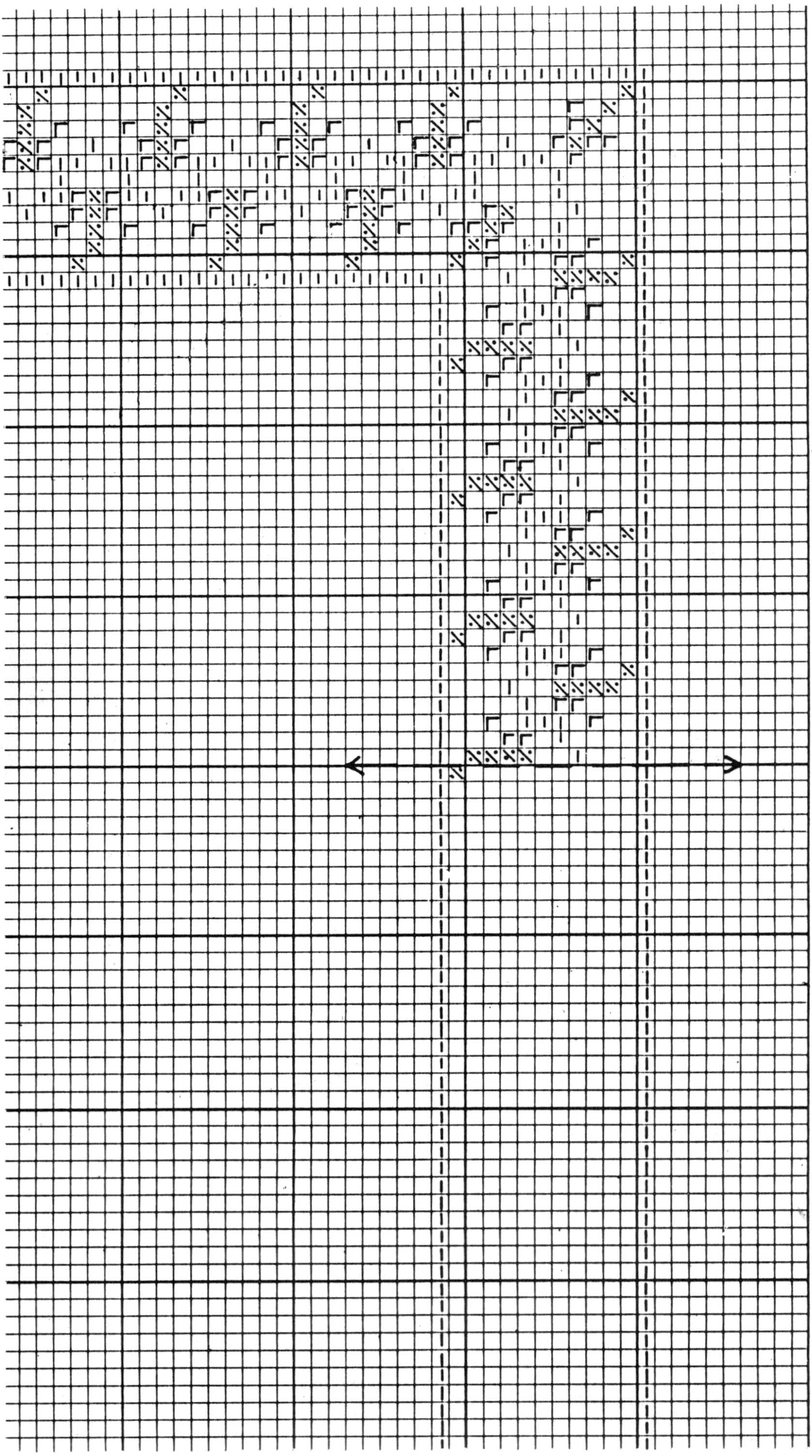

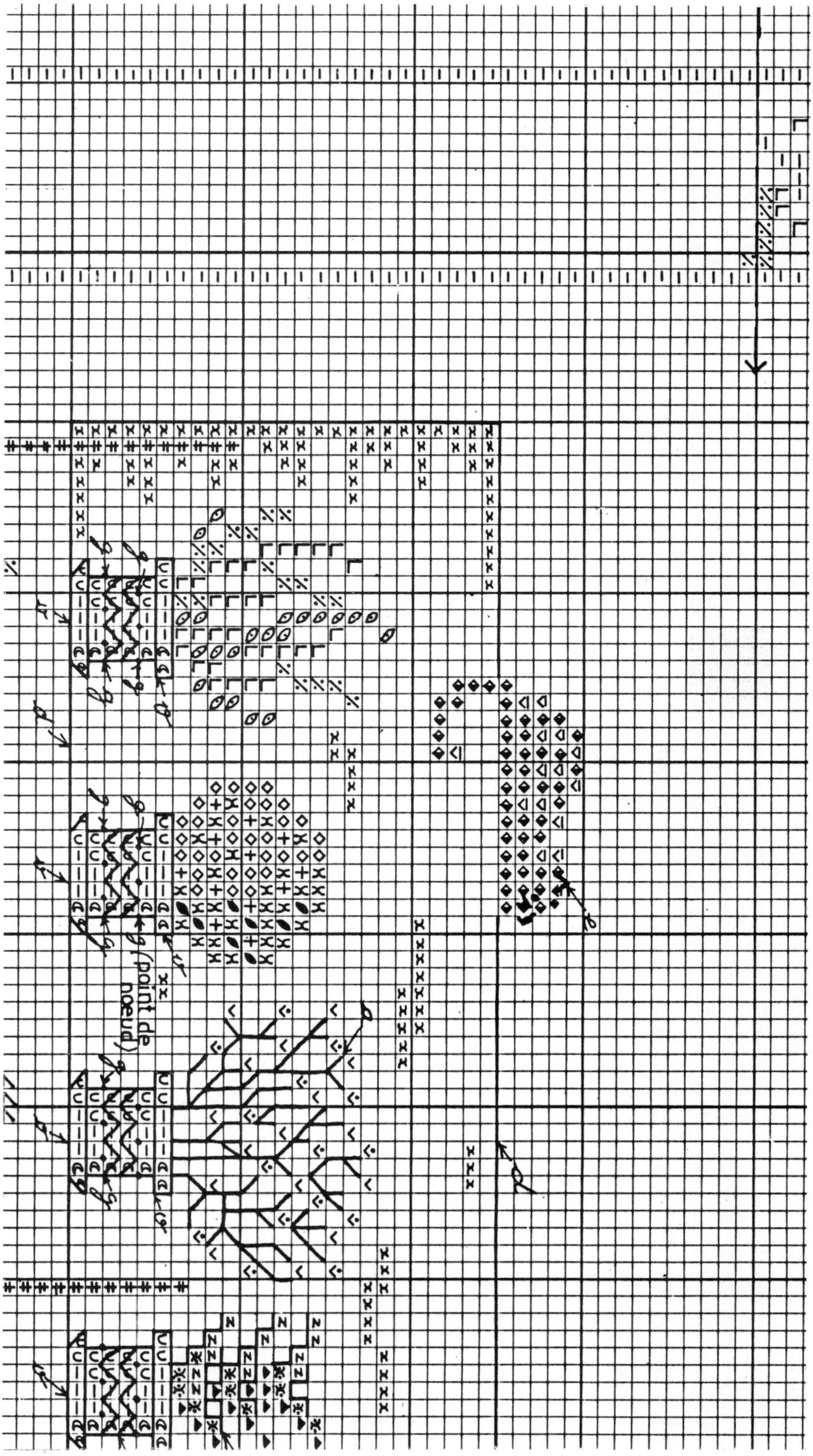
(point de noeud)

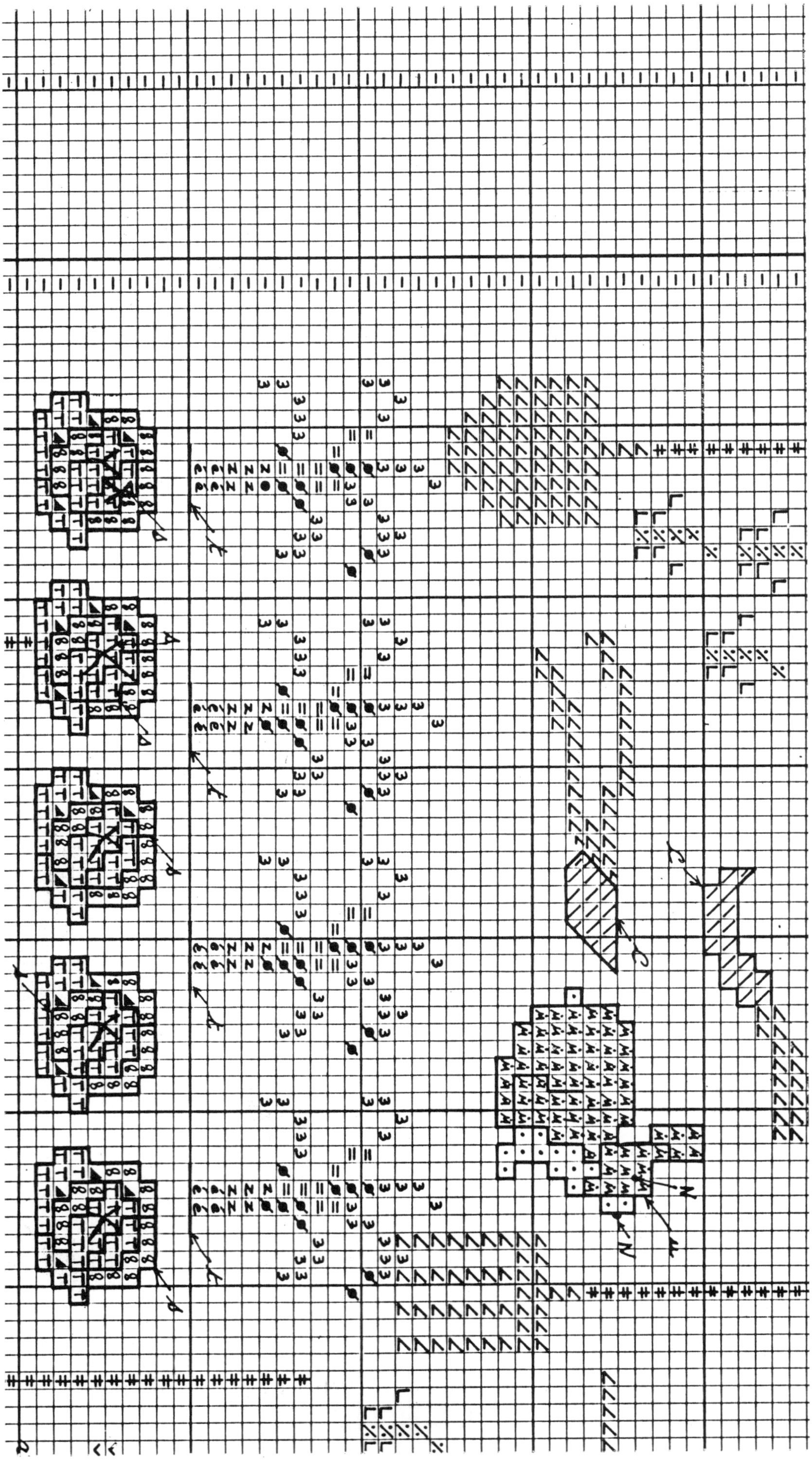

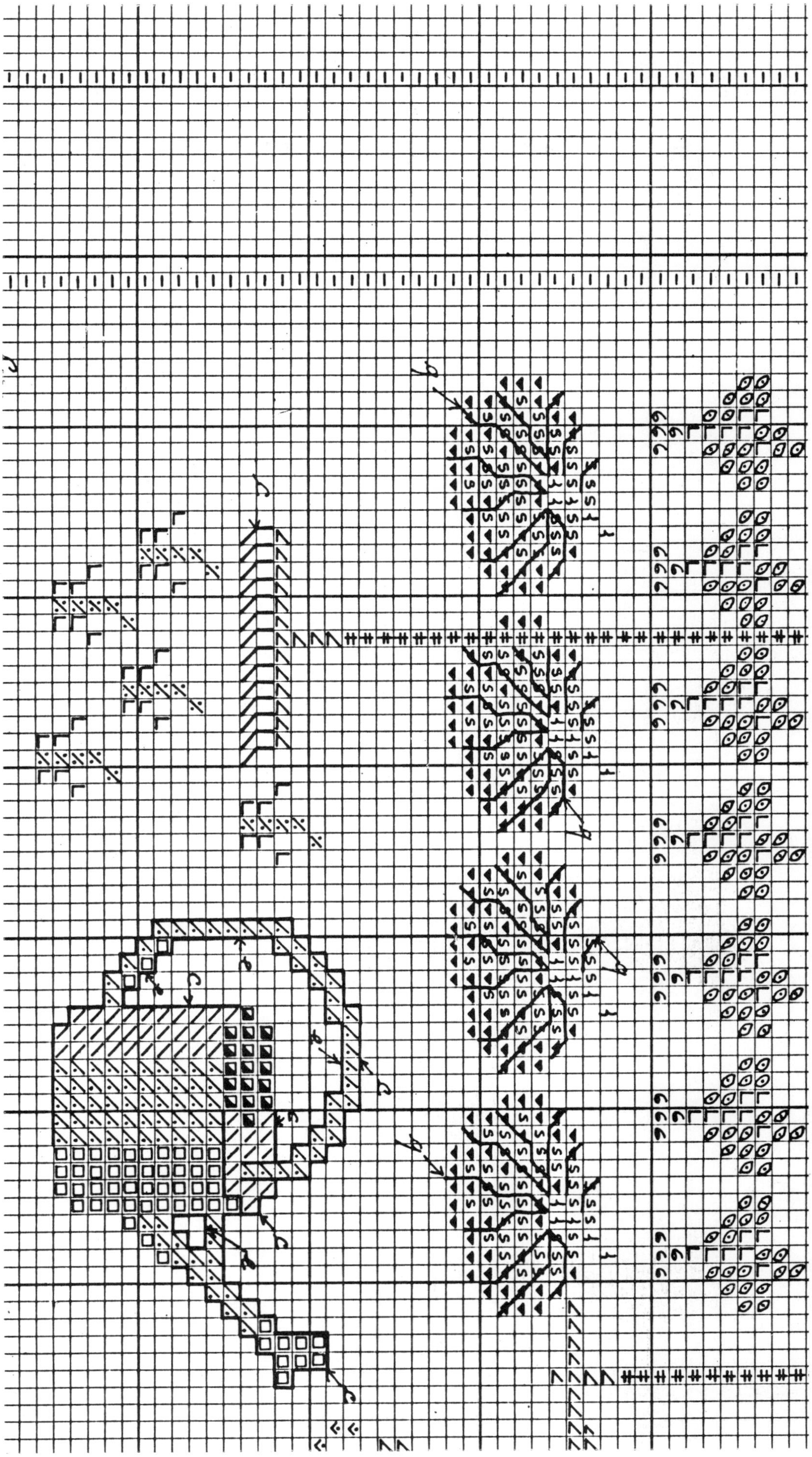

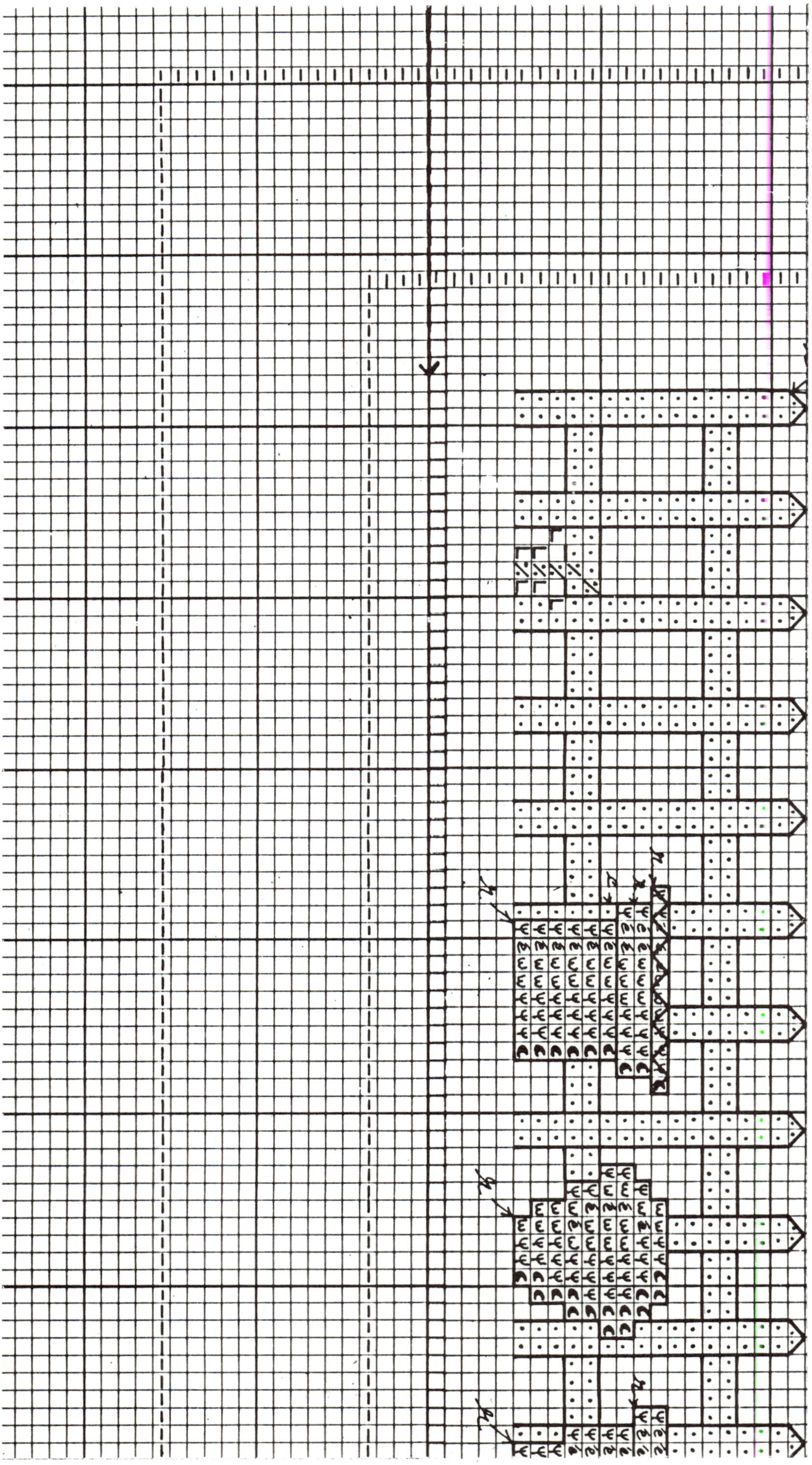

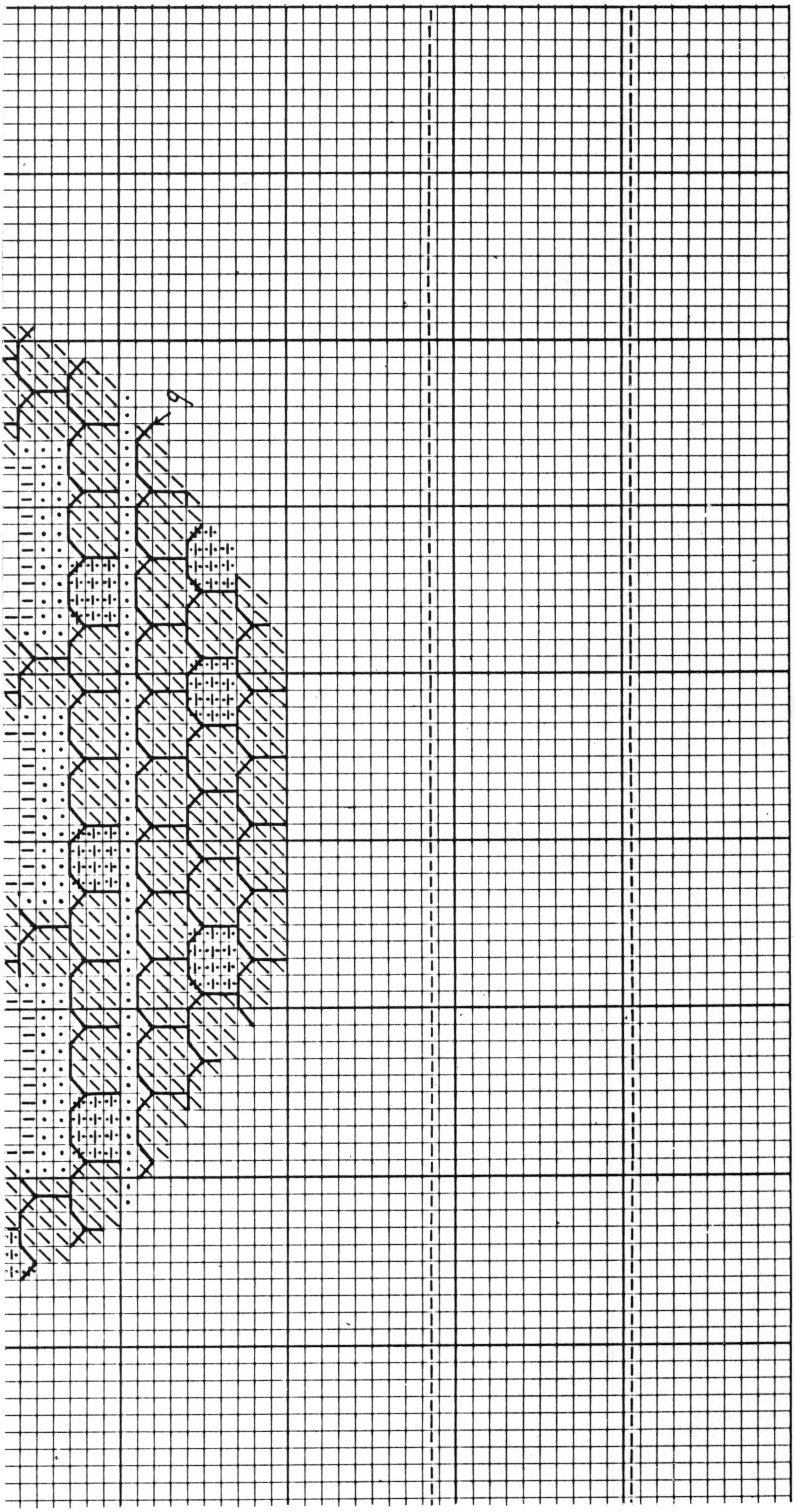
9

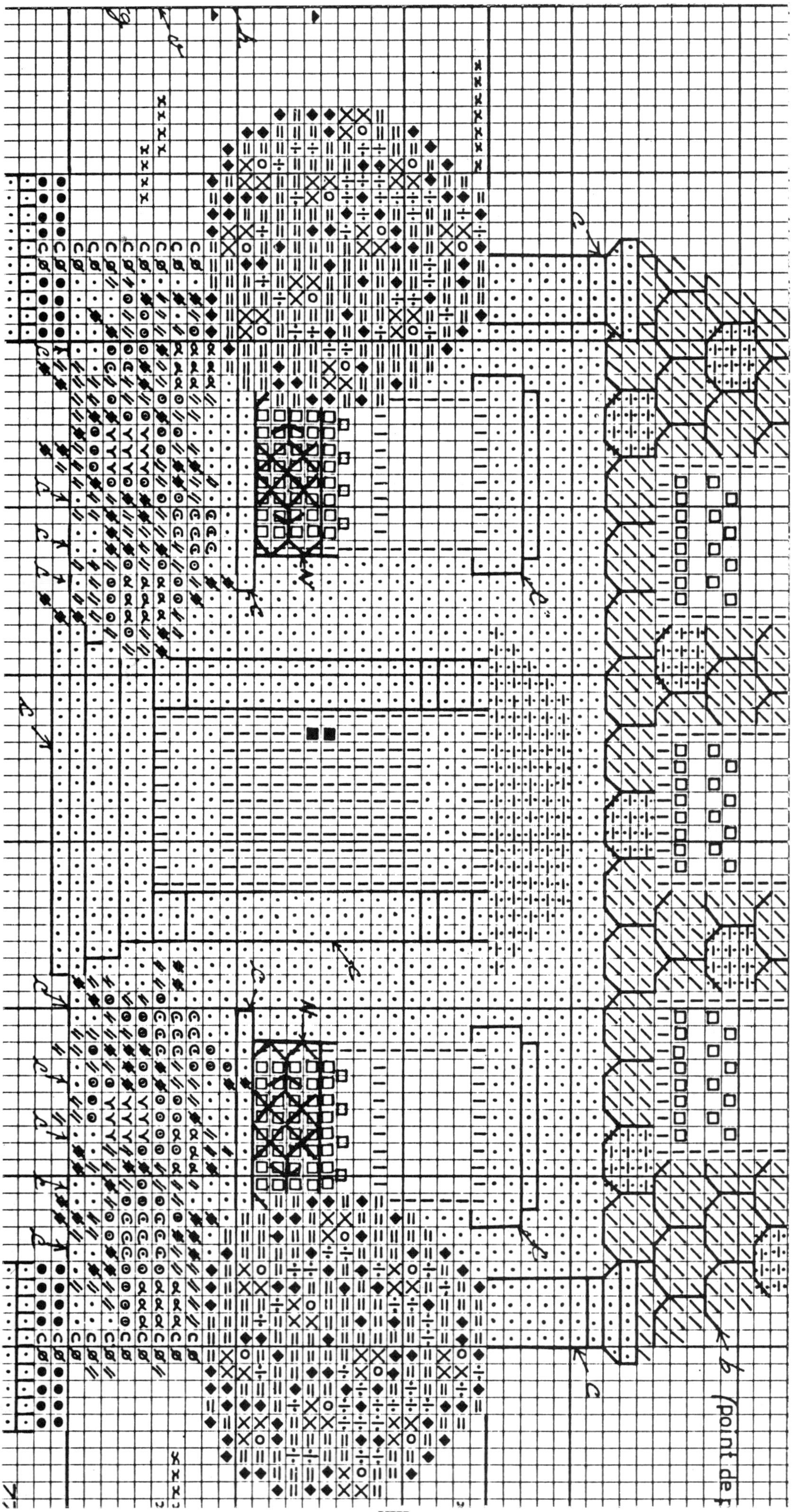
(point de

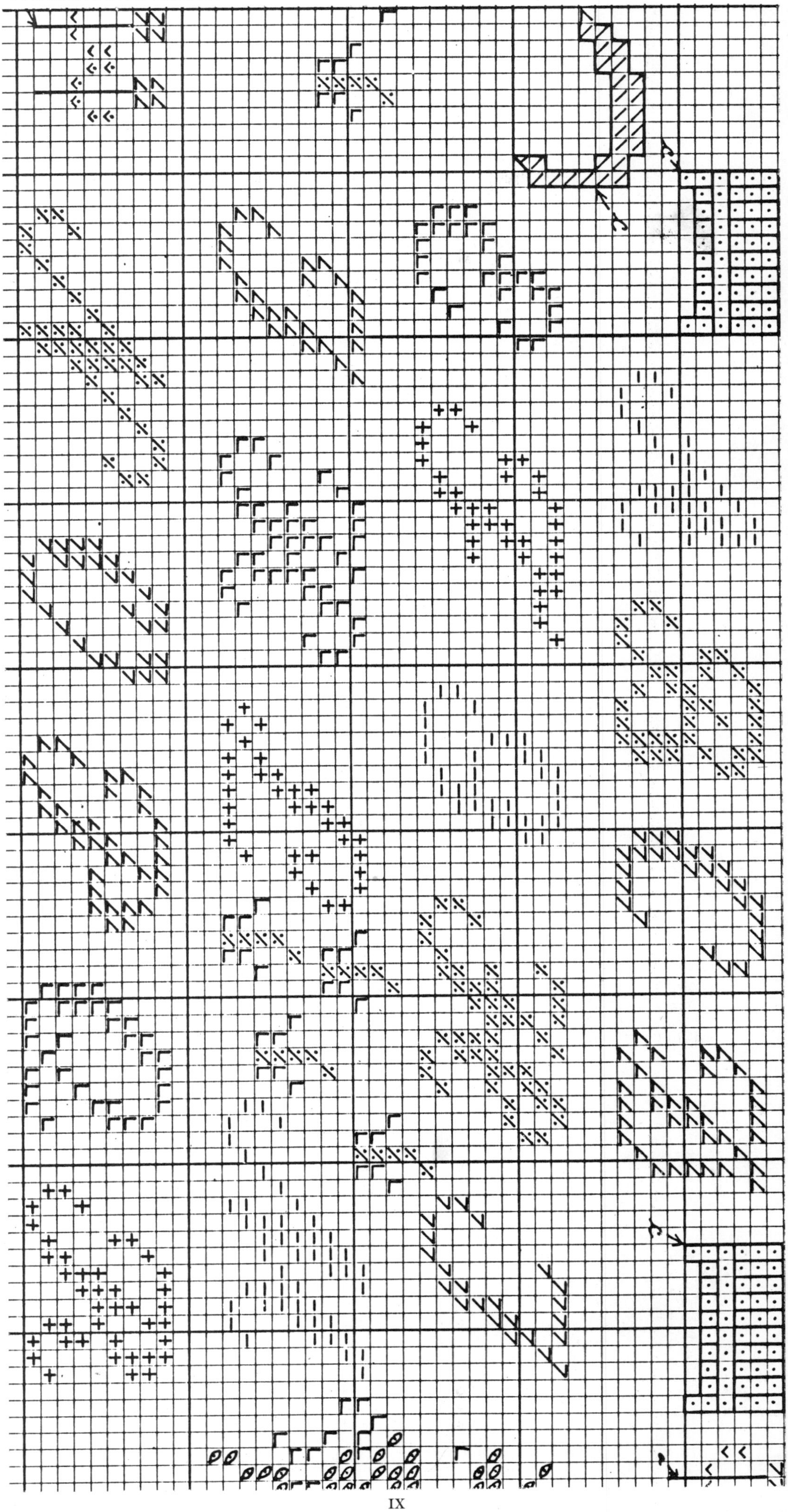

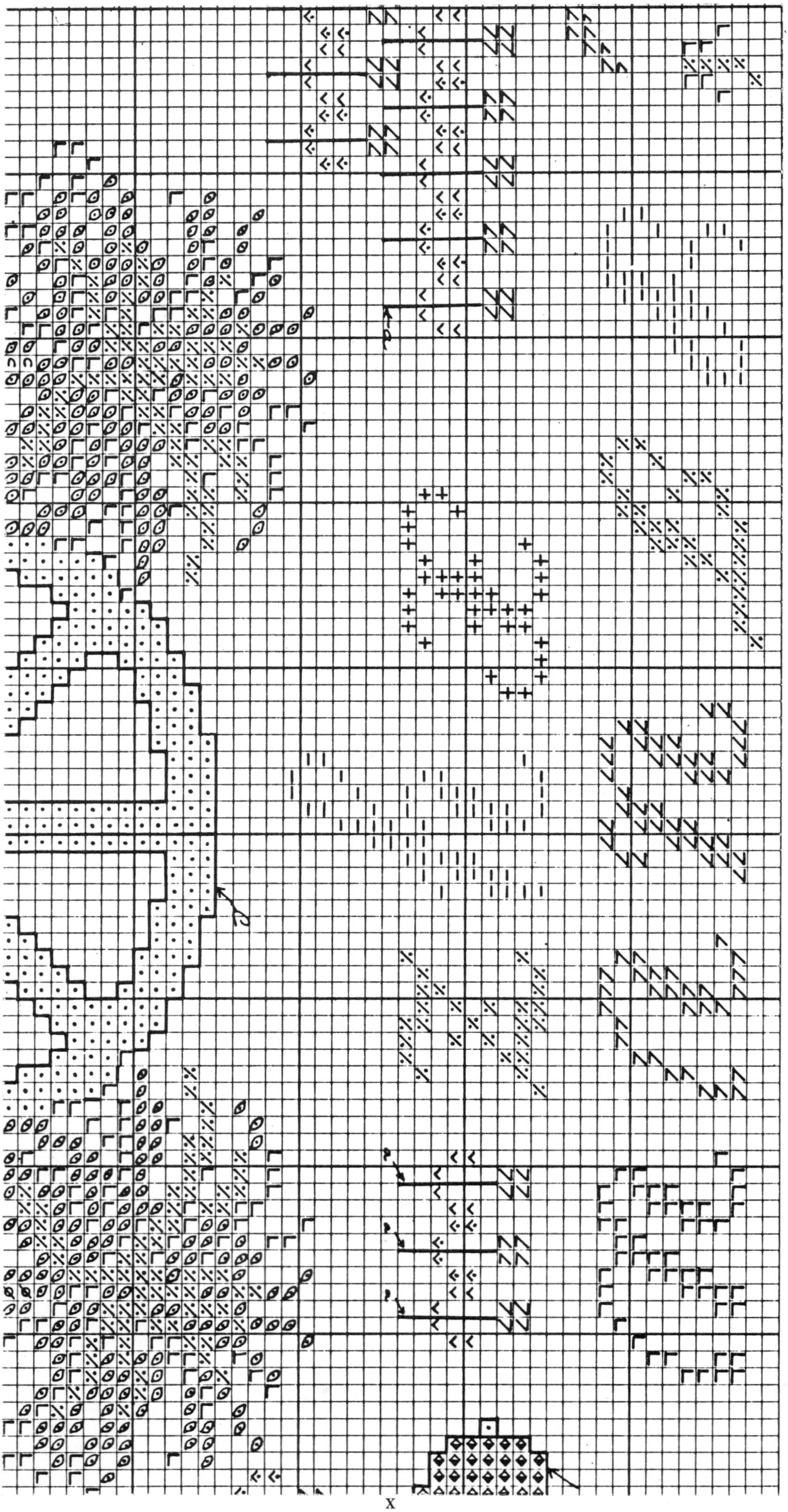

x

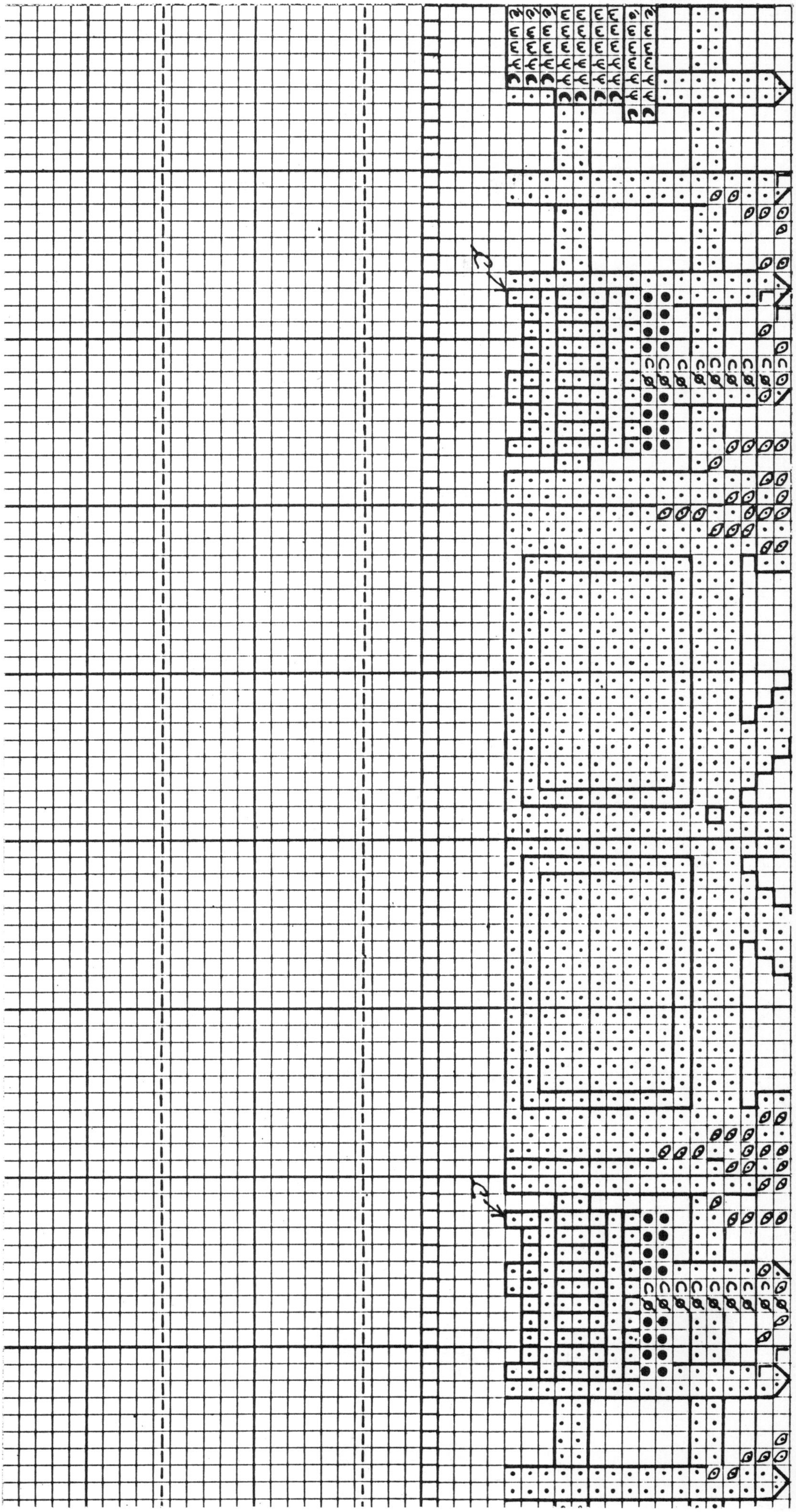

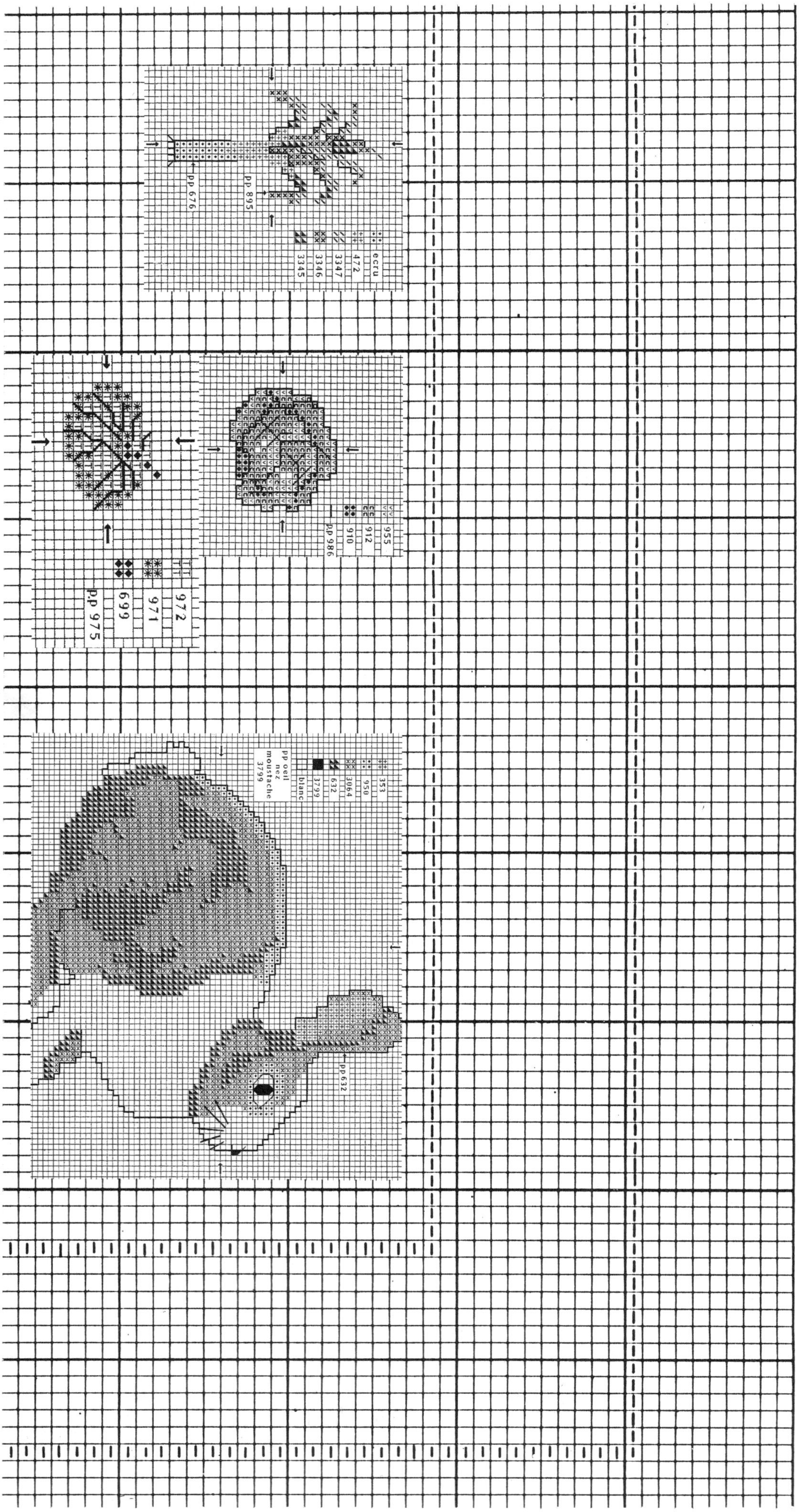
pp 676
pp 895
ecru
472
3347
3346
3345
972
971
699
pp 975
955
912
910
pp 986
353
950
3064
632
3799
blanc
pp oeil nez moustache 3799
pp 632

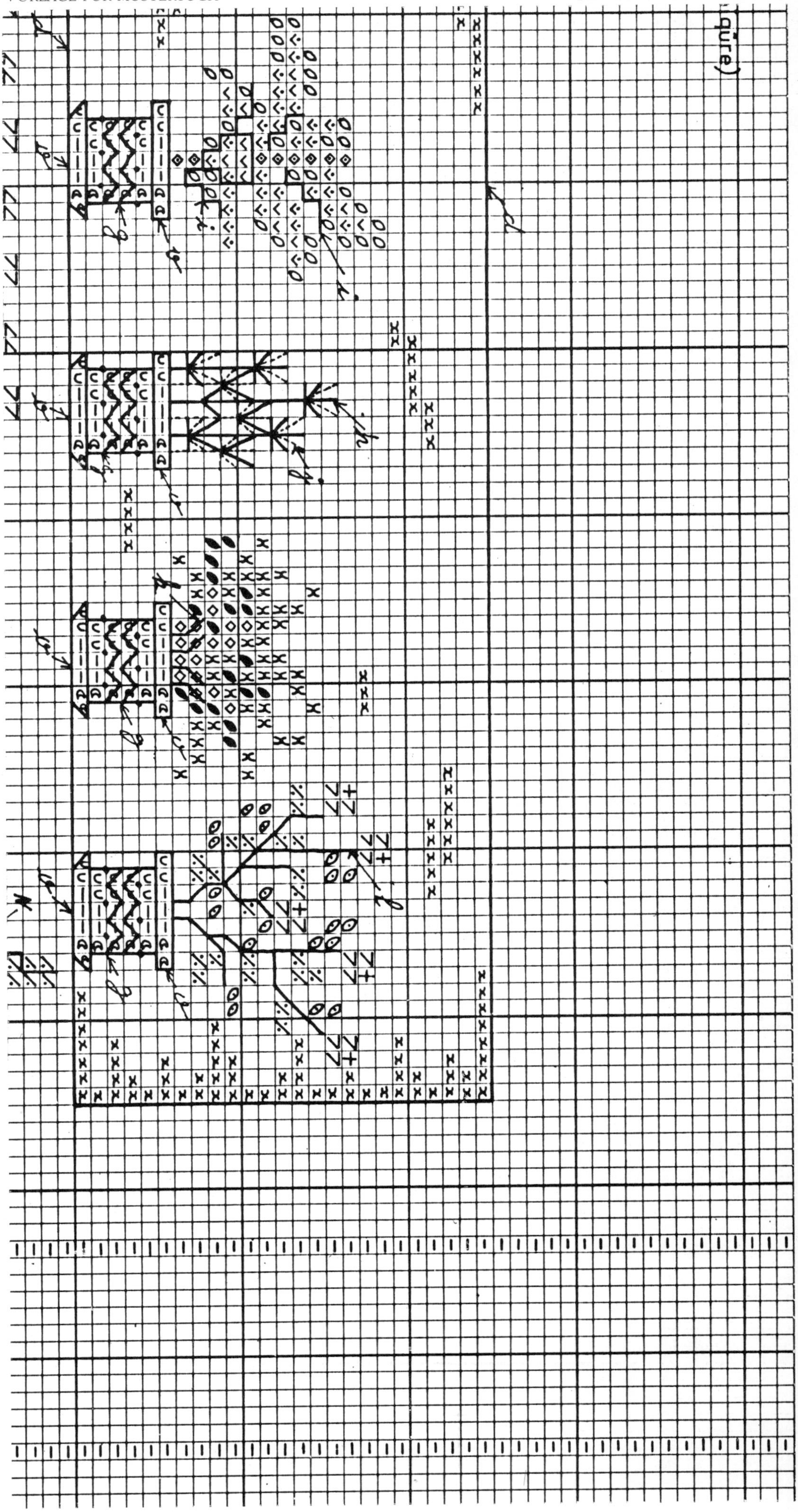

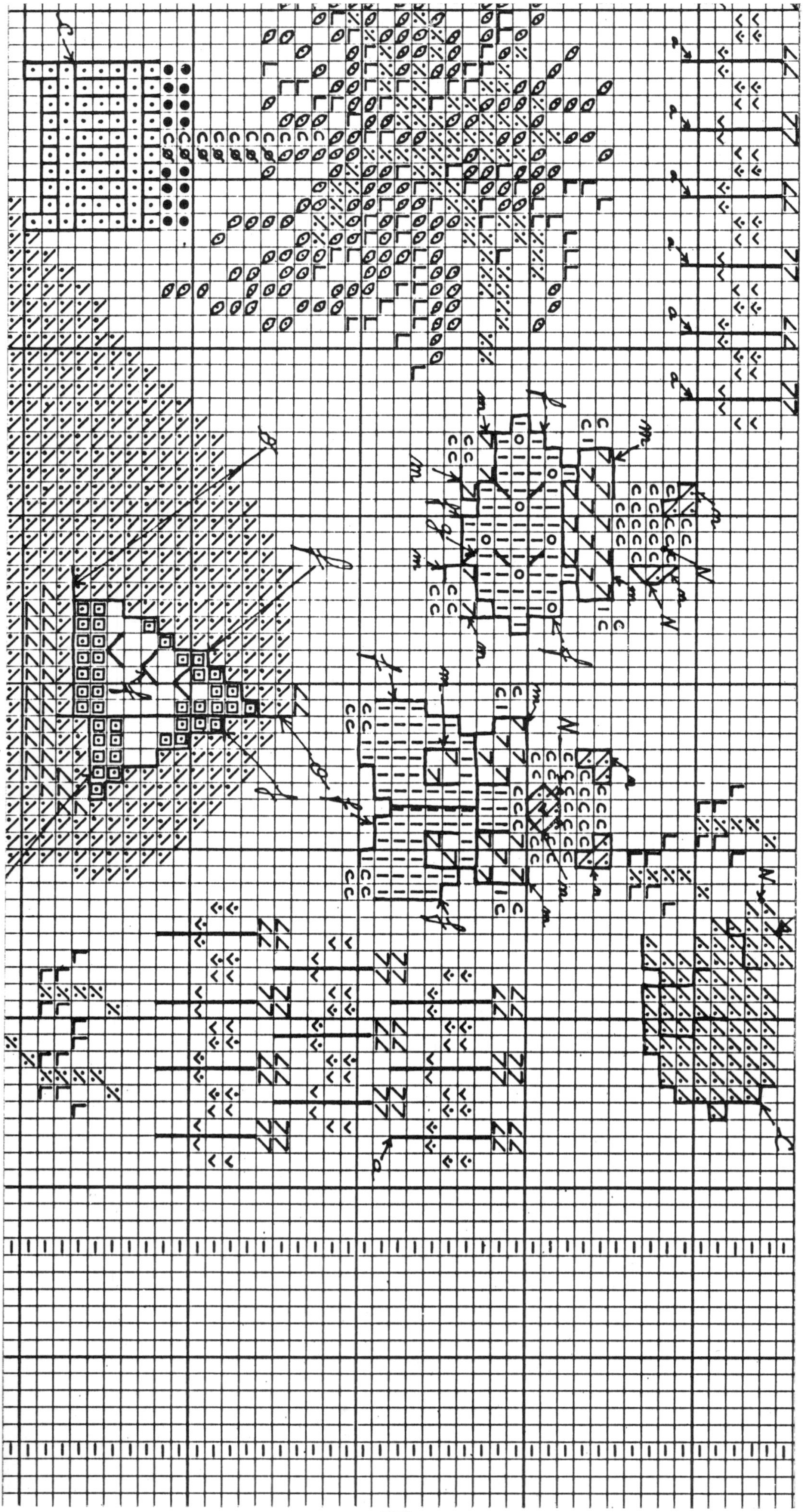

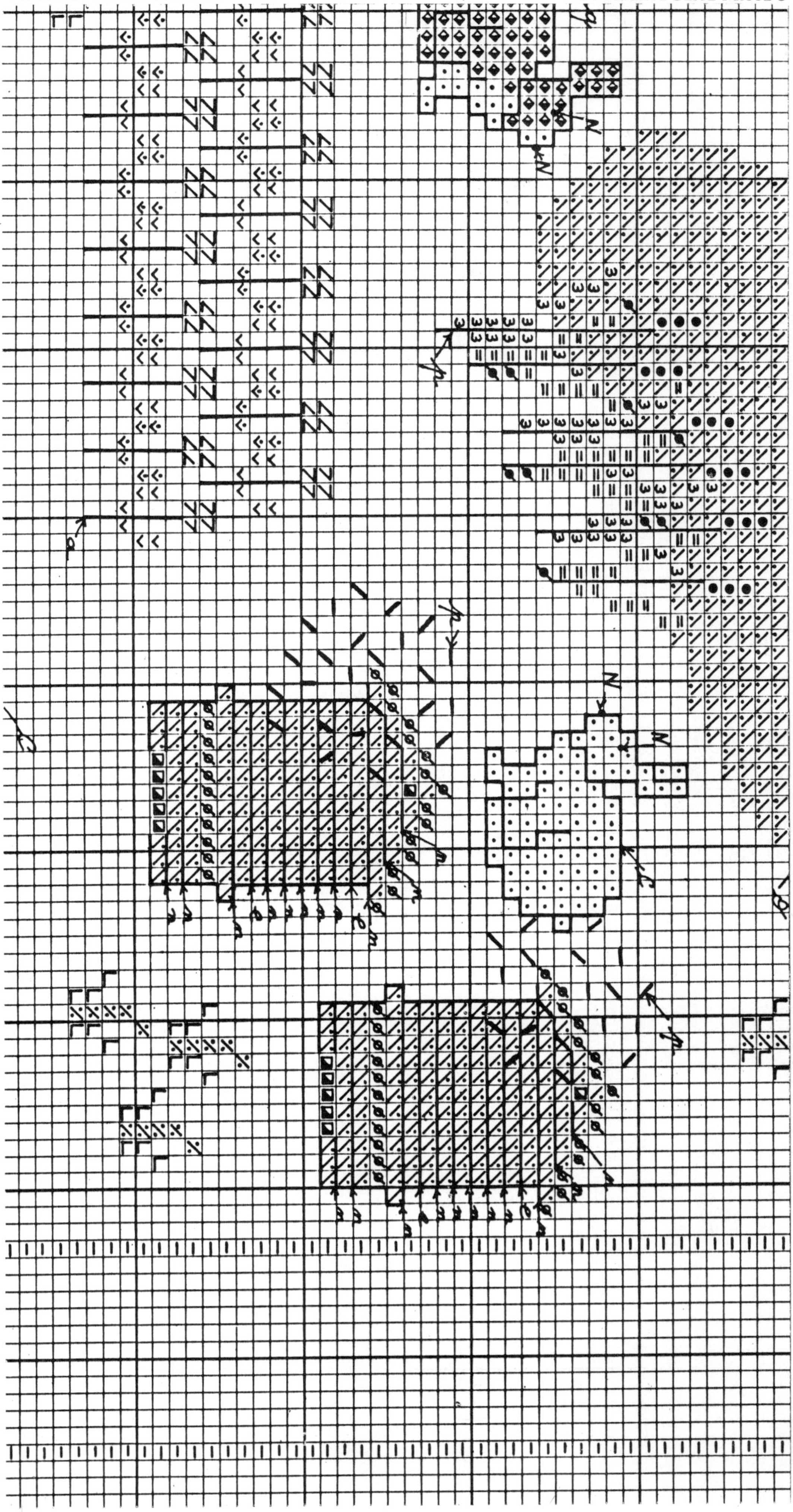

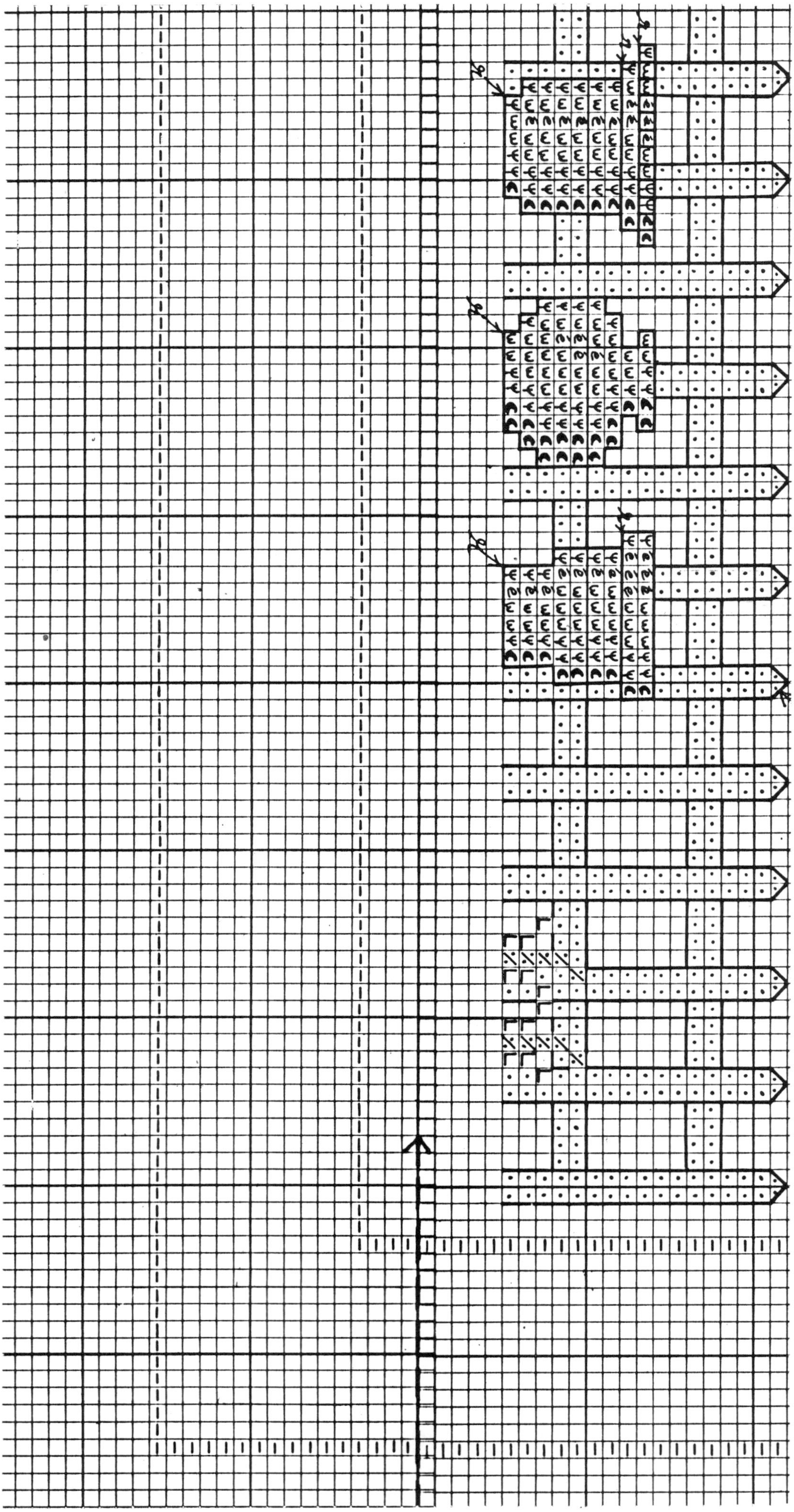

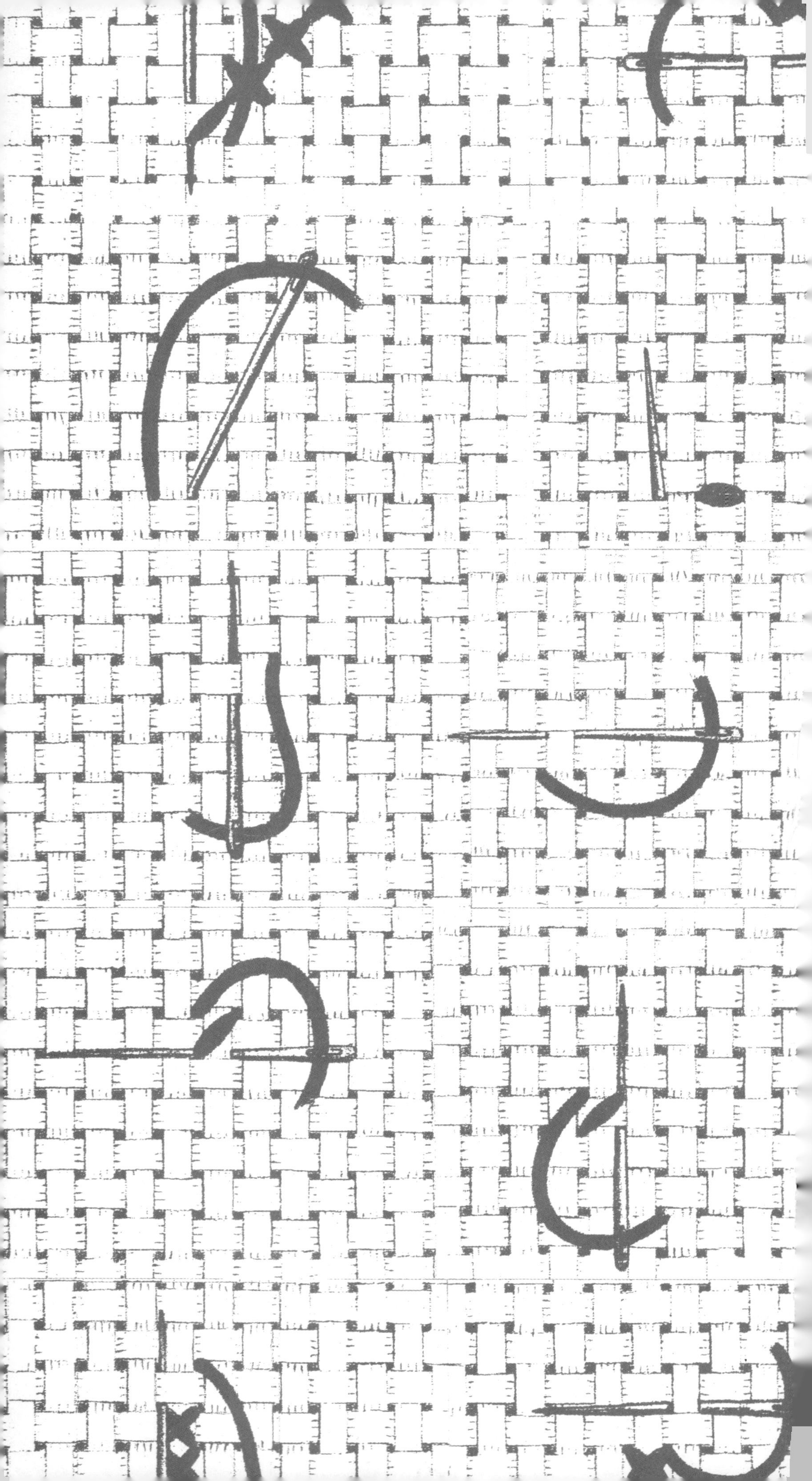

Duan Jianyu

Yúqiáo

THE THOUGHTFUL FISHERMAN-WOODCUTTER

by Yang Zi

Everyone else will eventually be forgotten. And so they talk of heroes in order to feel closer to immortality. So, the fishermen loved to gossip about heroes – this way, they each had one foot in the great stream of history and could bask in its splendour. Their conversations about heroes became like gossip about the local layabouts. And as the men became tipsy and their inhibitions weakened, their shouts drifted up like mist and scattered into the air.

But how would a mountain or river tell the difference between a hero and ordinary folk? The bright-eyed fisherman-woodcutter gazed at the wrinkled faces of his friends. The rain grew heavier, drumming on the water. The boat was too noisy to bear now. It had become tiresome.

He thought of his wife, who only ever spoke to him about trivial things. Which household had lost a chicken. Whose cat was sick. Her new red clothes. Whose floozy of a daughter-in-law wriggled her bottom too much when she walked. His monkey wife spoke about things that were more real than what his friends did. If he found anything endearing about her, it was this.

His friends' stories were like extravagant dreams, with hardly any women in them, tall tales meant exclusively for the men's own amusement. Each man and woman, all the remembered and the forgotten, will eventually be written into history, because they were all originally written *by* history. How they might explain this notion, the men weren't sure themselves.

The candles on the boat all burned out. The fisherman-woodcutter, his mind wandering, could vaguely picture the future life he had foreseen for himself. From a number gleaned by casting copper coins and yarrow, he had the impression that in his next life he would be a woman.

He would be a woman who sat alone in a box, inside a towering box built of steel and plastic. Her box would be one of many smaller boxes, each of which abutted others, with walls between them. In each small box lived either a single small person or a few of them together. These small people looked the same whether inside or outside their small boxes, and they lived and worked moving between several of these small boxes, sometimes going briefly to some distant place but always returning to their own small box in the end. Stretching towards the horizon, there were tens of thousands of serried boxes in sight, with channels running between them which the small people followed to come and go. The small people looked rigid when they moved, as if pinched between the fingers of an invisible hand that hummed and hawed over whether to place them down here or there. Some of the boxes had been reshaped into unusual forms, their exteriors resembling a gourd or a coin, but inside there were still rows and rows of smaller boxes. Seeing these odd boxes, small people would jump in excitement, their spirits lifted after their heads had hung low like floppy puppets. They experienced the same pleasure when evening came and somewhere deep inside the boxes started to glow red, green, silver and gold. These lights had the same allure as precious jewels and would guide them back to their own little boxes.

The woman, the fisherman-woodcutter's next incarnation, rarely left her box. Everything outside, the coin-shaped boxes and the jewel-like light, only scared her. Day after day, she asked other little people to deliver food and drink to her door. Like the black cat from her previous life, she was a fan of all things fried chicken, though she also ordered other things. Once the small people who delivered the food left, she would come out naked to collect it. The food and drink themselves were also contained in little boxes of their own, boxes that were even smaller than the boxes for the small people. From now on, these boxes will be known as the smallest boxes. There were often drawings of small people on these smallest boxes, smiling and laughing, their faces pictures of happiness as they wholeheartedly recommended the food and drink inside, as if they were the proud residents of the smallest boxes they adorned. When she had finished her food and drink, the woman never threw away the smallest boxes, but stored them up, folding and stacking them so they looked like a ceremonial arrangement or a castle with a moat. The woman sat among the smallest boxes as if she was the Creator giant of their world, imagining the lives of the smallest residents inside. She decided their fates and relationships and their laws, then observed their births and deaths, their joy and sorrow. Unlike the numb little people, the smallest people seemed to have absorbed all the sweetness of the world. Their eyes twinkled, their expressions were animated, their movements light. Sometimes, she would peel open their skulls to study the soft folds of the brains within. Between such games, the woman felt satisfied, safe and free, like that large hand could no longer reach her, since she now had a pair of Creator's hands of her own. This way, the stark world outside the many-sized boxes stopped being frightening.

The fisherman-woodcutter's feet poked out of the bottom of the blanket that lay over him and his wife in bed. His monkey wife woke up in the middle of the night and pulled it down to cover

g' is '*shi* (失)'; it takes the shape of
cient Chinese paintings, the missing
content in the white space – are the
te space is meant to be the dwelling
f light and enlightenment.
erely a void for the reality that we
What if the void is not a symbol of
white tomb?
ll we meet in the wilderness with
we dive into the white space to
ntents?
ce. Have you heard the sound of the
ots of trees?
t what art is? Is the widening white
ning sheet of untold history?
the negative space that traditionally
ofound philosophical significance
tomb lying beneath our artistic
a teardrop in memory of the untold,
rd, 'tradition' – shall we break it

treat to our nationwide tranquillity.
picturesque ancestral life and post
among peaceful antiquated temples,
ultramarine seaside resorts without
As women born after ancient times,
ge to resurrect whatever ancient art
xample – starting from the farming
ling with the last stitch in the last
inal blink of a red carp, harmonised
ite space.
ty and post-modernity, where high-
and AI pop up like fungi. Whichever
e ritualistic practices that cement
an ancient China will still be con-
rld is still full of fresh cuts. Time is
ings: the 'beauty' of brutality, the
wives' pretty bones.
waterfall, push into the vast volume
same as a great wall. Let's push

colours, a life illuminated by a
dnight DJ. The moon is a pilgrim of a
and I both know what truly holds

water. Only by being water do we
waterfall.

The Breath of Life

Every tale has more than one thread.

You draw, starting from the pattern of water. You quieten your breath as if you were in your mother's womb, where the world is a peaceful aquarium pumped by a tender and breakable heart.

Then you dip your brush into the aqua blue and layer shades of water.

When the river is formed, you blend the pink clouds and tall reeds together with your wild heart. You pause when the forest green comes upon you, imagining lying on your back on the shining leaves.

You peel your own image from the reflection of the river and feast on your dear life like a bee feasting in the meadow.

You feel buoyant in every cell, like a breeze ignited by the swaying of the singing reeds.

The essence of life in water swells in you like a floating light.

A water land is where you can think, feel and create. A realm both wild and ordered in your mind that you can walk through or break into with your paintbrush, your raw and clashing palette, your voice.

You move forward with your life; a creel, a straw rain cape, a piece of string, a cormorant, a small boat with rectangular windows, blue and white porcelain, bamboo mats. They are part of your artistic heritage, and you take great pride in them.

The Wise Man

You wait until the typhoon passes and your breath stills itself again, then you paint a wise man into being, like a flame birthing light.

Love – 爱, *ai* – is one of the words in simplified Chinese that has had its heart removed. To reinsert it we would need to skip the textbooks and choose to live. It can never be too human to want to live with a heart.

We grow a heart by the faintest glow of the sun in a giant greenhouse.

A wise man is the miniature of you who is loved by your returning heart. He is fleshed from the meandering voyage of self-doubt and enlarged by your inner animus to speak truth, only truth.

A wise man doesn't have to hide to earn his wits. He erases his fear and travels through time in a straight line, like starlight. He questions absoluteness, he strikes up conversations in his own universe, like a woodcutter chatting with a fisherman on a sunny afternoon, where the woods behind them grow thicker, where snakes and water sprites won't swallow his internal dialogues, where all his shadows are trapped in a creel and his dreams touched by the tender hands of a willow.

The Shadows

Once the shadows breathe themselves into being, they never die. They grow by sun and moonlight. Their lungs heave with the undercurrent of a dark lake. I see them in your painting: two shadows, blue and violet, curved into the shape of *yao jing* (妖精), the prettiest demons from the most insidious corners of Chinese folklore. '*Nü* (女)' woman, the radical in the Chinese character '*yao* (妖)' is the same radical stirring those demons. Unfair, isn't it?

Trapped in a creel, still beautiful, they move like serpents beneath our consciousness, eclipsing the door to innocence and thrusting us into this strange, dangerous place called womanhood.

How we outlive our shadows is how we survive a long winter – by tuning into the frequency of our true self. In your case, through art, by enduring the lonely days of a female artist to the very end.

The Artis

Each dawn, when the storm tears do
nails it back up in the mornin
when he naps and has bright
stays in the summer. He has
when winter comes. March is
He holds his hopes high. A fig

When the current brings fish to the
smile, the sweet creases stre
doesn't fish for compliments
fish without a rod and bait, o
It would be futile to protest a
a slender cord around the cor
enough slack for it to dive but
its catch, his mind sharpens
the way it collaborates with t

We tell better stories when we choos
don't we?

We tell stories in a witty, folklore-lik
fireworks of dandelions. We s
spreading their wings. Our ca
monkey-do traditions, have n
They are frightened by anyth
convictions and conventions,
and cannot grasp. Because no
is spoken, there remains only
bones.

But you, the artist, are the undertak
I can see there is not a single patch o

DUAN JIANYU AND YANG ZI: A CONVERSATION ABOUT YÚQIÁO

Sheng Mao, *Fisherman and Woodcutter in Dialogue* (detail), Yuan dynasty, c. 1330–60

These conversations took place on the 16 and 17 March 2025 at Duan Jianyu's studio and Librairie Borges (Guangzhou, China). The transcript has been adapted and edited for clarity.

Fang Congyi, *Woodcutter Receiving a Drink at a Fishing Boat* (detail), Yuan dynasty, ca. 1340–80

more mythological than historical. Conversely, the Black Cat Detective seems to emerge from our collective childhood fairy tale. Recognising that this series needed elements more firmly anchored in contemporary reality, I sought to diversify and enrich the narrative by bringing in modern urban landscapes, as is shown in *Yúqiáo (The Fisherman and The Woodcutter) No. 18*. In this painting I depicted The Circle, a copper coin–shaped building located in Guangzhou. Designed by a foreign architect, some people criticised it, calling it the 'ugliest building', though others defended it against such harsh judgment. Objectively speaking, the structure itself is not inherently unattractive. Rather, its coin-like form triggers traditional Chinese contempt and value judgments regarding money. When viewed through the lens of local Cantonese culture, it acquires an aura of extreme garishness. To me, this building embodies aspects of urban kitsch and vulgar culture. Cities often harbour sci-fi elements. I incorporated Shanghai's Oriental Pearl Tower into the painting, visually transforming it to resemble a barbecue skewer or a traditional sugar-coated fruit stick.

YZ In a way, perhaps we can say that what emerges from these paintings ultimately reflects the complexity of human beings. For instance, in *Yúqiáo (The Fisherman and The Woodcutter) No. 16*, we witness a mermaid with a human face hauled aboard a boat. Her expression combines rage and helplessness, creating a striking contrast with the apparent indifference of the fisherman just beside her. This reminds us of an essential truth: each individual responds from a perspective uniquely shaped by personal benefit, their worldview and their position in society. Yet, paradoxically, our joy, anger, sorrow and delight are shared across humanity, never isolated or severed by any individual's environment. Even our place in the social hierarchy is configured by broader social and natural environments beyond our control.

DJY None of us are born fully formed, we are all largely shaped by subsequent experiences. Empathy is truly important. Though I find many aspects of our world ridiculous and lowbrow, I always try to view people through a lens of equality and empathy, simply because I'm one of them. Consider the global news reports of internet influencers and celebrities who dazzle audiences in flamboyant attire during

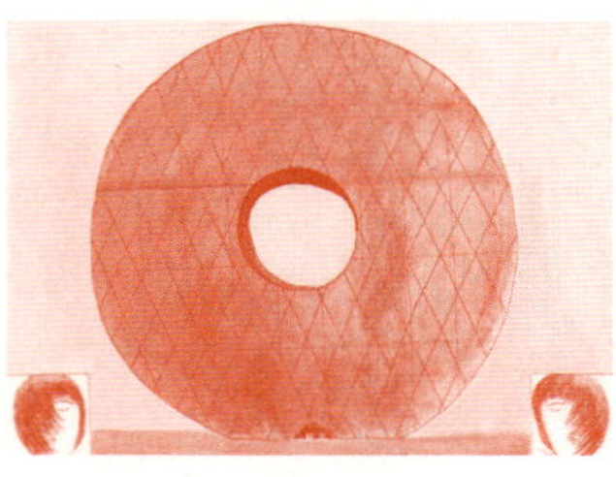

livestreams watched by millions yet might inhabit filthy living spaces. Some get too exhausted to even step out of their apartments for months, surrounded by scattered refuse and discarded takeout containers. To depict this, I placed myself within this scene of disorder and chaos in *Yúqiáo (The Fisherman and The Woodcutter) No. 20.*

YZ This specific scene projects an interesting metaphor: the cluttered land we live in is precisely our perception of the contemporary reality. This state of being besieged and captive perhaps originates in our suppressed emotions. Like the Black Cat Detective's uniform, these accumulated possessions become shackles that prevent modern individuals from expressing authentic desires. In our society, people project specific expectations onto others, requiring them to fulfil predetermined roles.

DJY This is especially true in internet culture. Individuals often adopt specific personas to survive off others' expectations. Some of the news I encountered online became catalysts for my artistic work.  One such instance involved a newspaper account of a rural-born undergraduate student, his paralysed father and his remarried mother. After he started university, he carried his father on his back during his commute to campus and then cared for him from his dormitory. I reimagined this narrative in the text of *New York Paris Zhumadian* (2008).[7] I have a bit of a 'gossipy' nature. I find inspiration in folklore and unusual occurrences. When Douyin [Chinese TikTok] first gained popularity, I was immediately drawn to it as a democratic platform where ordinary individuals could amplify their voices. I saw in it an inherent sense of justice and equity.

I enjoy portraying people who show their distinctive lives and individual characteristics. As a painter, I envy their vital life force, as I believe paintings require exactly this quality – a kind of untamed, raw recklessness. In my series 'Sharp, Sharp, Smart', I expressed my admiration towards those who embody disobedience and rebellion.[8] Perhaps people naturally lose their vitality beyond a certain age, becoming increasingly docile as they enter society and are shaped by discipline. In these paintings, I employed the term *shamate* rhetorically to represent the intriguing outcome when imported culture takes root locally and integrates with the

Yiyu, a mermaid-like funerary figure found in ancient Chinese tomb artefacts from the seventh to thirteenth centuries

7 *New York Paris Zhumadian* consists of a painting and drawing series and a novel under the same title begun by Duan in late 2007. The novel draws inspiration from the news report mentioned in this interview, depicting the story of a university student from rural area, Hu Xiang, who carried his father on his back to school and struggled to accommodate him in his dormitory. The painting series expands upon certain images from the text, exploring the complex relationships between globalisation, underdevelopment, prosperity, rusticity and cosmopolitanism.

8 Taking both its pronunciation and meaning from the English word *smart*, the 'Shamate' trend refers to a youth subculture that flourished in China's urban-rural peripheral communities during the 2000s, characterised by flamboyant yet cheap clothing and hairstyles. This cultural phenomenon faced significant criticism from mainstream society when it emerged, but it reflected profound issues, including the existential alienation and identity crisis experienced by rural youth amid China's rapid urbanisation. Duan drew upon this social phenomenon to create 'Sharp, Sharp, Smart' (2014–16).

A stylised fish delicacy typical of 1980s-era Chinese cookbooks, source of inspiration for the *Yúqiáo* series

unleashed the very appeal of literature. Painting operates by similar principles: What metaphors am I trying to evoke? Through which rhetorical strategies? How do I articulate relationships between disparate objects through the deliberate orchestration of colour, form and fiction? These explicit material choices ultimately reveal painting's distinctive appeal.

In the early stages of my career, while creating the 'Sister' series,[10] I relied on straightforward narratives as a method of training myself to construct coherent spaces and contexts for image delivery. Decades later, were I to revisit these narratives, I would likely introduce formal, descriptive and narrative obstacles to disrupt the directness of my pictorial surface. Like a poet seeking serendipitous happenings, I also want to create productive accidents both for myself as a painter and for my viewers. These deliberate accidents generate absurd and abstruse relationships that paradoxically mirror our experiences within modern civilisation's progression. The structure of my painting series now resembles Italo Calvino's 1979 novel *If on a Winter's Night a Traveler*: regardless of the point at which one begins to engage with it, the viewer discovers a story already in progress. The entire structure operates in parallel and inherently possesses a narrative quality. While many today insist that painting should divest from this narrative aspect, I consider it to be very important.

YZ This new hybridity represents a significant evolution from your early studies or experimental works. Now, you've fully absorbed and mastered various styles, '-isms' and techniques, blending them on a single canvas after thoroughly digesting them and generating fresh understandings through your unique perspective.

DJY In my second and third years as an undergraduate, I emulated the colours and forms characteristic of Expressionist paintings, as a rebellion against the realism that traditional academic approaches promoted. After a few years of this experimental phase, I came to realise that it wasn't really my artistic voice because it appeared excessively superficial, Westernised and cosmopolitan. It's necessary for me to engage with my surroundings on a more fundamental level, and develop a language borne of careful rumination. Reading and writing have helped me in overcoming certain painterly challenges. For instance, compiling and

10 Duan began making the 'Sister' series in 2004, based on the journeys of a fictional flight attendant. The 'sister', consistently depicted wearing a small square scarf and a light blue uniform, traverses deserts, forests, snow-capped mountains and the distinctive urban-rural peripheries which the artist has constructed specifically for her. Duan's thematic focus on the journey directly responds to the acute tensions and conflicts that individuals face when navigating the divide between urban and rural environments in the context of China's rapid urbanisation. Through the creation of this fictional persona, she discovered a unique artistic freedom that empowered her to select and put together images, stories, scenarios and rhetorical approaches with unfettered creativity.

editing *A Guide to Life*[11] (2001), I used texts to distil a literary context that helped anchor my paintings more firmly to reality. Writing and painting can indeed serve as mutual references: the lexical manoeuvring in written language, like the choice and arrangement of words, phrases and sentences, or the method of approaching a topic, parallels the treatment of details, colours, form construction and narrative development in painting. Concurrently, maintaining a sense of freshness and innovation is crucial in this process. I constantly strive to create new contexts and sensations, ensuring my works avoid cliché. In recent years, I have been increasingly drawn to contemporary young Chinese writers whose explorations of language localisation have indirectly enriched my own artmaking.

I also cherish finding kindred spirits throughout the history of art. Sometimes, their paintings elicit spontaneous smiles of recognition when I perceive shared fragments of sensibility. A case in point is the 'Scroll of Refugees'[12] motif, a subject explored by modern masters like Jiang Zhaohe[13] and Huang Shaoqiang,[14] which I also tried to address in my series 'Spring River in the Flower Moon Night' (2017–18). Jiang's depicted images were suffused with a sense of solemnity and seriousness, a style evocative of the official historical portrayal of Chinese people. This dignified approach cannot be categorised together with maudlin sentimentality or casual entertainment. While I respect it, it is not like my own artistic inclination. Conversely, encountering Huang's portrayals of refugees, I sensed his fascinating personality through the way he rendered facial expressions. This prompted a whimsical thought: Had he lived in contemporary Guangzhou, might we have become friends?

YZ Your recent body of work engages with numerous aspects of contemporary reality: scenarios such as life in a dumpsite or a human figure commanding a group of sheep. These compositions seem to allude to the profound confusion and oppression experienced in everyday life. However, the metaphors you construct are not stiff, forced correspondences between symbols or meanings. Instead, these elements coexist within each painting's universe. You remain extremely sensitive to reality while simultaneously exercising the transformative capacity to reconfigure it. It's not unlike a novelist's relationship to lived experience.

Huang Shaoqiang. *Peasant* (detail), 1941

Yúqiáo (The Fisherman and The Woodcutter) No. 11 (detail), 2024

11 *A Guide to Life* represents an early example of how writing has served as direct inspiration for a painting series for Duan. Through the textual medium, she posed an array of questions related to everyday life, deliberately eschewing continuity between them. These inquiries ranged from 'how to cook' and 'how to work as an electrician', to more abstract considerations like 'how to cultivate one's taste and sentiment' and 'how to maintain elegance and charm'. Through these textual experiments, she gradually explored the relationship between her paintings and reality.

12 The 'Scroll of Refugees' is a classic thematic motif in Chinese history painting with origins which can be traced back as early as the Northern Song Dynasty (960–1127 CE). Over centuries, it has evolved into a distinctive genre delineating the hardships of displaced populations and portraying various aspects of famine and disaster. This motif embodies significance in realism.

List of Works

Yúqiáo (The Fisherman and The Woodcutter) No. 1
Oil, acrylic, spray paint and pencil on canvas
140 × 200 cm
2023

Yúqiáo (The Fisherman and The Woodcutter) No. 2
Oil and acrylic on canvas
140 × 160 cm
2023

Yúqiáo (The Fisherman and The Woodcutter) No. 3
Oil, acrylic and oil-based marker on canvas
150 × 200 cm
2023

Yúqiáo (The Fisherman and The Woodcutter) No. 8
Oil, acrylic and spray on canvas
180 × 250 cm
2024

Yúqiáo (The Fisherman and The Woodcutter) No. 9
Oil, acrylic and oil-based marker on canvas
75 × 100 cm
2024

Yúqiáo (The Fisherman and The Woodcutter) No. 10
Oil, acrylic, pencil and oil pastel on canvas
140 × 200 cm
2024

Yúqiáo (The Fisherman and The Woodcutter) No. 15
Oil, acrylic and oil-based marker on canvas
40 × 50 cm
2024

Yúqiáo (The Fisherman and The Woodcutter) No. 16
Oil, acrylic and oil-based marker on canvas
60 × 80 cm
2024

Yúqiáo (The Fisherman and The Woodcutter) No. 17
Oil, acrylic, spray paint, oil-based marker and pencil on canvas
160 × 140 cm
2024

THE WORLD OF DUAN JIANYU

by Lydia Yee

Sharp, Sharp, Smart No. 1, 2014. Private collection

'Once this world has been designed, the words will follow, and they will be (if all goes well) those that that world and all the events that take place in it require.'

— Umberto Eco

Sharp, Sharp, Smart No.8, 2015

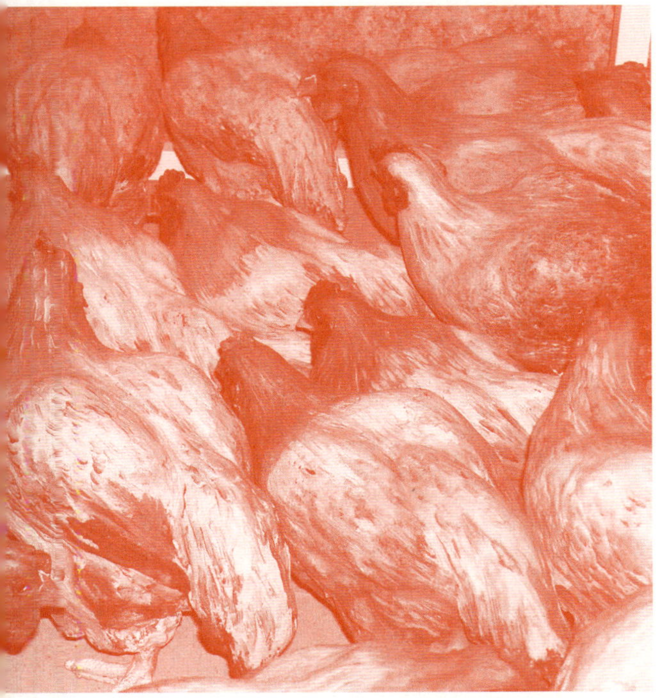

By the time Duan graduated in 1995, new developments were shaping the direction of the nascent art scene in Guangzhou. In 1993 Chen Tong, an artist and a teacher at the art academy, opened Librairie Borges, a bookshop which also hosted exhibitions, lectures and film screenings. Artists were experimenting with new art forms including installation, performance, photography and video. Conceptual and experimental approaches to art were prized over more traditional media such as painting. One notable artist group, active throughout the 1990s, was Big Tail Elephant Group, a collective founded by Lin Yilin, Chen Shaoxiong, Liang Juhui and later joined by Xu Tan. They organised their exhibitions in private houses, offices, the street and other non-art spaces, often engaging with the rapidly changing urban landscape. The group's name was befitting for an upstart artist collective in Guangzhou as in Buddhism the elephant's tail is associated with solitude and self-reliance. Lin described Big Tail Elephant Group as a 'rather an open space where artists have opportunities to make their own statements as independent individuals. It is also a self-reliant space.'[4]

For a young artist, especially a painter, it was not easy to find a voice and a place amidst this quickly evolving art scene in Guangzhou. Oil painting was not the favoured medium among the young generation of artists, who presented their work in improvised spaces, which were also less conducive to showing paintings. And Duan's work did not fit the prevailing painting paradigms of the period, such as Political Pop or Cynical Realism. She showed figurative paintings in an expressionist style in a solo show in 1996 at Hans van Dijk's New Amsterdam Art Consultancy in Beijing and got an important break in 2002, when the Guangzhou-born, Paris-based curator Hou Hanru invited her to be part of the exhibition 'Canton Express' at the 2003 Venice Biennale. Duan was painting at the time, but she chose to exhibit *Artistic Chicken* (2002), composed of 100 hand-painted, fibreglass chicken sculptures. Based on a breed common in Guangzhou, Duan modelled the chickens in clay, casting them in six different poses and scattering them throughout the space hosting the exhibition in the Arsenale. Her gambit recalled that of the Italian artist Maurizio Cattelan, who exhibited 200 taxidermy pigeons in the Italian Pavilion in the 1997 Biennale. While Cattelan's installation, *Turisti* (1997), could be understood as a humorous comment on the ubiquity of pigeons and tourists in Venice, Duan's *Artistic Chicken* is a light-hearted satire of artists and the art world

4 Lin Yilin, 'Chinese Participation in the 50th Venice Biennale: Big Tail Elephants in the 1990s –, 林一林', *Yishu: Journal of Contemporary Chinese Art*, vol. 2, no. 2 (Summer 2003), see https://yishu-online.com/wp-content/uploads/mm-products/uploads/2003_v02_02_lin_y_p022.pdf

itself. She described the Biennale as 'a particularly sophisticated place – like a sacred place for art. I thought that if I presented chickens in such a setting, it would create an impact.'[5] Indeed, Duan was mocking artistic pretensions and a notion of a pecking order in the context of the international art gathering in Venice. But chickens also occupy a special place in China, where they are symbols of prosperity and family unity, especially when served whole during important celebrations. Chickens are, moreover, an apt symbol for Canton, the previous Romanised name for Guangzhou, where chicken dishes are popular and consumption rates high. 'To me, chickens are rulebreakers', Duan explains, 'they basically just like to spend their days running around. In a way, that reflects my mind. There's a part of me that refuses to conform, likes messing around and tries to break the air of elegance that everybody is trying to maintain.'[6] At the time, Duan had just begun developing a parallel series of paintings, also titled 'Artistic Chicken', allowing the chickens to run afoul and break the conventions of both narrative and of painting. Chickens inhabit bourgeois domestic interiors and appear as part of a menagerie in an odalisque painting. Cooked poultry hangs from a tree in a classical Guilin landscape and substitutes the elegant geese in a bird-and-flower painting.

Over the course of the next two decades, Duan has added to her repertoire of motifs, subject matter, compositional forms and techniques. She firmly grounds her paintings in Chinese art – traditional *shan shui* (mountain-water) ink-and-brush landscapes, calligraphy and Socialist Realism – and deftly transforms these elements in combination with Western ones, including Expressionist painting, nudes and collage strategies. For example, *Spring River in the Flower Moon Night 4* (2017) is a dense assemblage of musicians, vegetables, animals and other creatures cavorting in a flower garden in the moonlight. This thoroughly hybrid work offers a carnivalesque response to the Tang dynasty poem by Zhang Ruoxu that has long been used to evoke 'authentic' Chinese culture, including in the opening ceremony of the Beijing Olympics in 2008. Some canvases focus on thematic variations, such as a rehearsal of mark making in *Automatic Writing No. 1* (2019), and others pair or juxtapose elements, such as aquatic plants and subcultural hairstyles in *Three Allowed Seven Forbidden No. 3* (2021). Duan's canvases often create dissonance by bringing together incongruous subject matter or by introducing anomalous elements that disrupt the illusion of pictorial space.

Spring River in the Flower Moon Night 4, 2017

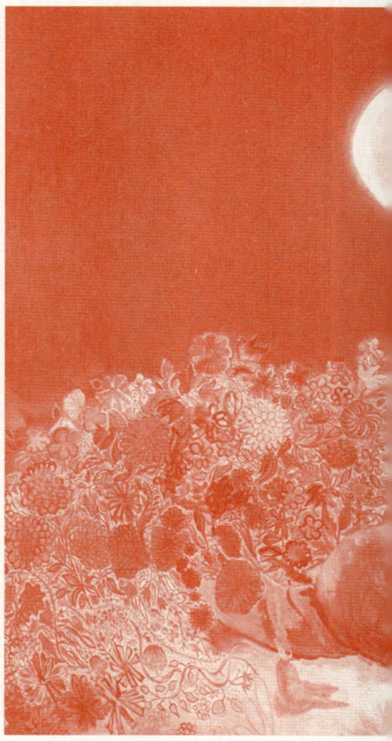

Three Allowed Seven Forbidden No. 3, 2021

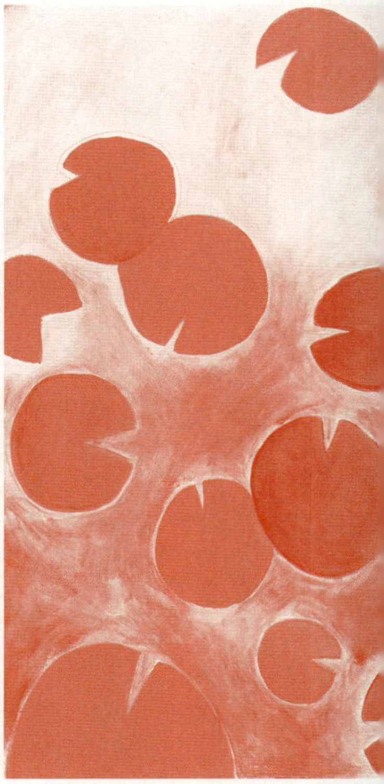

5 Duan Jianyu quoted in Pi Li, Christel Pesme, Natalie Harding, Jo-Fan Huang, 'Chickens in the Gallery!', *M+ Magazine* (2 Jul 2017), https://www.mplus.org.hk/en/magazine/curating-conserving-canton-express-chickens-in-the-gallery/

6 'Duan Jianyu, Art Chicken No. 12, 2004' [Audio Guide], M+, Hong Kong, https://www.mplus.org.hk/en/collection/objects/art-chicken-no12-2012296/

The Artist

Duan Jianyu

Currently based in Guangzhou, Duan Jianyu (b. 1970, Zhengzhou) is known for her deceptively childlike visual language and stylistic hybridity. While painting is at the core of her practice, her work includes sculpture, writing and other forms. Often realised in series, Duan's work is deeply narrative in nature, deploying juxtapositions and displacements of imagery and rhetoric to unsettle established binaries between Western and Chinese visual traditions, the high and the low, the mundane and the sublime, offering an incisive reflection on the enduring vitality of life within a fractured global reality. She was awarded Best Artist at the Chinese Contemporary Art Awards (CCAA) in 2010, and has exhibited widely, including at the Solomon R. Guggenheim Museum, New York (2018) and the 50th Venice Biennale (2003).

Contributors

Yang Zi

Yang Zi is a Beijing-based researcher and independent curator. A graduate of the Department of Philosophy and Religious Studies at Nanjing University, his research is focused on the interpretation of Eastern thought in global contemporary culture. Yang was curator and director of public programmes at UCCA Center for Contemporary Art, Beijing, between 2015–18, where he contributed to many major solo and group exhibitions and associated catalogues. He has written extensively for a range of publications, including *LEAP*, where he served as an editor. He was a finalist for the Hyundai Blue Prize in 2017, a judge of the Huayu Youth Award in 2019, and the recipient of the inaugural Sigg Fellowship for Chinese Art Research in 2020.

Bang Wang

Bang Wang is a Chinese writer based in Cambridge. She has published ten books in China and France. Her film script, *The Dream Cages*, won Best Feature Drama at the New York Independent Film Festival in 2011. Her short story collection, *Journey to Absence*, was selected as one of the top ten Chinese fiction books of 2022 by *Asia Weekly*. Her essay collection, *The Texture of Hard Times: An Observational Memoir of Life in the UK*, was shortlisted for the Chinese Youth Writer Award in 2019. It also won the 2022 Book of the Year award from One Way Street, an independent literary prize nominated by 100 bookshops across China. Wang began writing in English in 2021. In 2022, she was selected as one of ten winners of the Escalator programme, an annual talent development scheme run by the National Centre for Writing in Norwich. She was also one of the four writers of colour to receive the 2024 Curtis Brown and C&W Agencies Breakthrough Writers' Scholarship and a recipient of the Faber Academy Scholarship for 2025.

Lydia Yee

Lydia Yee, a London-based curator, art historian and museum consultant, is currently senior curatorial advisor to YDP. She is also director of Muara Art and a member of the external faculty for New Curators. Yee has previously held curatorial positions in London and New York, including chief curator, Whitechapel Gallery; curator, Barbican Art Gallery and senior curator at The Bronx Museum of the Arts. A recipient of the Asian Cultural Council Individual Fellowship (2024–25) and a member of the Turner Prize jury (2024), Yee was also co-curator of Frieze Talks (2018–19) and the British Art Show 8 (2015–17).

* Biographies are presented in the sequence corresponding to the order of their contributions within this publication.

Duan Jianyu: Yúqiáo

On the occasion of the exhibition *Duan Jianyu: Yúqiáo* at YDP (Yan Du Projects), 4 October–20 December 2025.

Contributors: Yang Zi, Bang Wang, Lydia Yee, Duan Jianyu
Translators: Jack Hargreaves, Lily Sun
Design: Studio Pianpian He and Max Harvey
Editor: Jun Shen
Copy editor: Orit Gat
Proofreaders: Cindy Ziyun Huang, Emma Law

Image Credits
Unless otherwise noted, all images by Duan Jianyu
Courtesy of the artist and Vitamin Creative Space

Published by

YDP
19 Bedford Square
London WC1B 3JA
United Kingdom

Mousse Publishing
Contrappunto s.r.l.
Via Pier Candido Decembrio 28
20137, Milan
Italy

Available through

Mousse Publishing, Milan
moussemagazine.it

First edition: 2025
Printed in Beijing, China

ISBN 9788867496938
£30,00 / €35,00 / $40,00

Table of Contents

Dear Reader,

You're holding in your hands the first English-language catalogue dedicated to the work of Duan Jianyu, a Guangzhou-based artist I've long admired. Over the years, Duan has developed a unique painterly language and narrative approach, one that not only responds to realities but also gently disrupts them through layers of absurdity, playfulness and wit. She belongs to a generation of artists, particularly in non-Western contexts, whose practices are deeply rooted in the local but speak clearly to global experiences.

This catalogue is published on the occasion of *Duan Jianyu: Yúqiáo*, the artist's first major solo exhibition in the UK in over a decade and the inaugural presentation at YDP's space at 19 Bedford Square, London (4 October–20 December 2025). Conceived by guest curator Yang Zi in collaboration with the YDP curatorial team, the exhibition brings together twenty new paintings and a group of sculptures shown across three floors. These are accompanied by sketches, a documentary film and a salon-style presentation of earlier works.

At the heart of the exhibition is *Yúqiáo*, a classical Chinese motif in which a fisherman and a woodcutter appear as reclusive figures who observe human history from a distance. Duan Jianyu reinterprets this traditional symbol through her own lens, drawn not to its lofty philosophical significance but to its overlooked mundanity and narrative potential. She constructs an anachronistic, humorous, and surreal world in which *Yúqiáo* shape-shifts: the fisherman and woodcutter become goats and cows, chivalrous heroes, a black cat detective and the artist herself. These figures drift from pastoral landscapes into the sprawl of contemporary life, where the wisdom of living emerges through daily acts and encounters. For Duan, *Yúqiáo* lives in all of us – the reclusive philosopher is not distant, but rather finds refuge in the absurdities, humour and irrepressible vitality of everyday life.

In dialogue with the *Yúqiáo* series, this catalogue features three written contributions, each offering a unique perspective on Duan's work. Yang extends his curatorial vision through a fictional narrative that unfolds in parallel with the exhibition's imagery, creating a timeless story inspired by the artworks. Writer and journalist Bang Wang responds with an experimental prose-poem, drawing on Jungian archetypes to explore the inner lives of Duan's figures and the relationship between artist and world. Curator Lydia Yee contributes an art-historical reading that traces Duan's artistic trajectory, positioning her between Eastern and Western traditions and shedding light on the cultural influences that shape her narrative approach and painterly voice. Together, these texts invite readers to encounter *Yúqiáo* through multiple entry points, each opening new avenues for personal interpretation. Accompanying them is a conversation between Yang and Duan, offering insight into the artist's intentions and her carefully crafted visual language.

We are grateful to Yang Zi who brought this exhibition to life with us and catalogue contributors Bang Wang and Lydia Yee for their thoughtful work. Pianpian He and Max Harvey created a sensitive design that honours the artist's language while balancing tradition with contemporary sensibility. The team at Mousse Publishing

supported the catalogue's wider reach through its distribution, and Vitamin Creative Space contributed valuable knowledge drawn from over two decades of close collaboration with the artist.

Finally, our deepest thanks go to Duan Jianyu for her inspiring work and the trust she placed in YDP.

Yan Du
Director, YDP

Once upon a time, on a very remote mountain, there lived a very poor man.

This man was so poor that he took a monkey to be his wife. The monkey wife was lazy and, after she gave him a monkey child, became even lazier. She complained constantly. He would rise early each day and head up the mountain, alone, to collect firewood. When he left, his features – his eyes, nose, mouth and ears – would gather together into a single point, such that his face would appear like a blank board. While up the mountain, all he needed to do was walk and cut wood, walk and cut wood. Anything else that he heard or saw, did or said, was redundant.

As soon as darkness fell, his features would smooth out again. His nose hairs would sprout from inside his nostrils, black and spiky, and his eyeballs would seem to pop out of their sockets, almost glaringly bright. He would go with the other fishermen down to the river and always catch the biggest and the most plentiful fish of everyone. In the minds of the other fishermen, he quickly became a keen assassin, a knight errant, a hero. When they praised his skills, he would smile coyly and say nothing.

Returning home afterwards and seeing his wife and child, his face would suck back in. When his wife called him a 'dolt', he would not respond. Lying in bed, he remembered times on rough waters. When he hauled fish up onto the boat and they lay on the deck close to death. Even then, the bigger fish would still use their every remaining shred of strength to eat the small fry. Some would be angry, others distressed. They flopped and writhed on the deck restlessly. It reminded him of himself. The world around him was timeless and inexhaustible, yet a fish's life is ever so short. Times change, the tides ebb and flow, impermanence is everywhere. Having seen all he had of lands and waters, when he looked at the fish again, he didn't feel sorry for them. He knew only that they were sold for food and chopped into pieces, their souls sent scattering; and when the climate was right, and yin and yang converged, those souls would be reincarnated, and new fish that looked much the same as them, as well as some that didn't, would be born. And these new fish, like their predecessors, would eat and drink and defecate and age, take ill and die. So, what did he want to be, he mused. A fish? A mountain? A river?

He turned that thought over and over in his head, as he tossed and turned. He felt like his mind had been scorched on a hotplate. He contemplated rising and picking the yarrow at the roadside, for calculating his fortunes and misfortunes, but decided

that it was futile to worry too much about them. He had once divined that in his previous life he was a black cat that lived deep in the forest. If ever the chicken population of the forest grew too great and threatened to eat all the fruits and insects, leaving chicken shit in heaps all over, the cat would grab and fry them in a pot of oil for dinner. And when the chicken numbers were too low, and the cat suspected that the forest's foxes and wolves might consider a cat a worthy substitute for a meal, the black cat took it upon himself to shelter the chickens and encourage them to make love and procreate. The cat became a good friend to the chickens, taking up the mantle of their spiritual leader and bestowing upon them life's mysterious philosophies. He explained that all things on earth and under heaven – down to day and night, and the stars and planets wheeling across the sky – alternate between states of prosperity and decline; as one thing recedes, another thrives, in a constant process of mutual transformation. Chickens and cats, as with all things in nature, are inextricably connected; there is no one without the other. Chickens reside in the middle of the forest's food chain and are slow of mind, whereas cats are highly vigilant, agile and just, which is why they are the ones to regulate the chickens' numbers, to maintain balance in the ecosystem.

Hearing this, though they seemed not to fully understand it, the chickens came to believe that the cat was a wise and great being, and if one day they were ever to be fried in oil by a cat, then they would still not consider all cats to be bad. They would hold no grudges.

The fisherman-woodcutter did not like chicken. He preferred to bake or grill the fish he caught with the wood he had collected and serve it up piping hot to share with his fishermen companions. Unable to sleep three nights earlier, he had treated them to one such meal. Rain was drizzling outside the boat, making ripples in the waves. The fishermen chatted between mouthfuls of wine and fish, while he listened quietly, not interrupting, an unreadable smile on his face. The immortal heroes of times past were a perennial topic of conversation among these friends. Heroes who were lively of character, who achieved great feats and were written into history. If he was to believe his companions' words, then these figures might be ugly and penniless brutes who never succeeded at anything in their whole lives, but as long as they had been written into history, then they became heroes that were worthy of admiration.

There are two kinds of people in this world: heroes and everyone else.

him properly. As quickly as he could, he sucked in his eyes and whiskers so his face was bare. His monkey wife didn't notice, but she called him a 'dolt' regardless, before lying back down and going to sleep. When she began snoring rhythmically, the fisherman-woodcutter burst out in tears. 'I have never loved anything before, because nothing I love ever lasts', he thought, his heart in pieces. But had he too not given up on a lot?[1] His mind returned to the night he enjoyed the feast of fish on the boat.

The rain eased up to a fine drizzle, but the night remained pitch dark. The fish on the table had been picked apart. Sharp bones stuck out of the remains. After the eyes had been boiled, they protruded, glue-white, like nipples that he couldn't bear to look at. The shouts of his fishermen friends bandying their views about loudly, the rain pitter-pattering on the roof, the dead fish sighing noiselessly, all swirled together in a startling, dazzling whirlpool of colour and sound. From out of the vortex bulged numerous eyes that stretched forth, jostling for space and seeming about to burst. In their pupils were dense forest scenes. Cocking his ear, the fisherman-woodcutter could make out the sonorous song of the shepherds, which still cut through despite the clouds pressing down. The cattle and sheep that heard its commanding tone, unable to hold their nerve or their bowels, defecated. One of the sheep started to excitedly tell another all of the stories happening in the world, every last detail, in an endless and unceasing stream. The other sheep became fed up of listening and turned away. Language is infinite, but the matters of heaven and earth are not. Sooner or later, the day must come when an old sheep runs out of stories to tell. But what then? Cause is always preceded by cause, just as before each and every life come many lifetimes.

The old sheep spat out an incredibly long story, a continual string of words that floated in the air. The fisherman-woodcutter took out his knife and slashed straight through the string, which fell to the ground in a tangled pile. He swiped again and again, and kept going until all that remained was a mess of dots, the letters deformed beyond recognition. He picked up one of the dots and used the point of his knife to jab a hole in the centre, before picking up the other dots scattered on the ground and stuffing them into the opening. This same point that swallowed the other points then began to take the form of different scenes and images, which quietly shifted – all of space and time in the universe, and a prolix narrative, folded inside. That was a marvelous sight, which the fisherman-woodcutter could not even begin to describe. He

only felt within that it was unfathomably profound, at once reminiscent of everything he knew of the world, yet unlike it.[2] An idea came to him then: if only he could touch it, rap on it, as if on a door, then the door would open and the myriad phenomena of the world would burst forth in unparalleled majesty. Those phenomena were all known to him. He casually raised an arm.

The black cat, the woman, the fisherman-woodcutter. A fish exposed in the open air blushing at having its privacy intruded on by the human gaze. The black cat as a police chief, a gun in his hand. The woman staring into the eyes of the faces on one of the smallest boxes, their gazes ghoulish, and beyond them the box city where she lived speeding away to infinity. A skeleton with an erection like a fried chicken leg. A fish trap weaved and submerged in a stream, and fish swimming into the abyssal opening. Razor blades sprouting in even rows from the woman's naked body. The song that frightened the sheep flock becoming a piano number, a child playing the black and white keys. The dead fish that lost its head transforming into a spirit form, and the knife in the hand of the fisherman-woodcutter falling, and falling, and falling again.

The fisherman-woodcutter finally slipped into sleep. He continued to wake at daybreak each morning to chop wood, catch fish and suffer his wife's complaints.

1 In 'Explaining the Images of the Fisherman and the Woodcutter' Zhang Wenjiang observes that the image of the fisherman-woodcutter is not that of a recluse, with all the attendant negative connotations, but of a figure of responsibility, who leads a withdrawn existence in order to be able to better fulfill their duty; one who relinquishes all pursuits of status and any biased notions of right and wrong in order to be able to align oneself with and preserve the natural order, in line with the grand narrative of civilization's perpetuation. Zhang's comments on this image have inspired aspects of Duan Jianyu's work. Zhang Wenjiang 张文江. 'Yuqiao xiangshi 渔樵象释 [Explaining the Images of the Fisherman and the Woodcutter].' In *Gudian xueshu jiangyao* 古典学术讲要 [Lectures on Classical Scholarship], 214–28. Shanghai: Shanghai Ancient Books Publishing House, 2010.

2 In the *I Ching*, it says: 'As for images, the sages saw the manifestations of all under heaven and copied their shapes and appearances in them, imaging what was proper to the thing; this is why they are called images.' In this passage, the 'Logos' for describing history has been remade as an 'image' with symbolic applications in world simulation and depiction. 'Xi Ci I', *The Book of Changes*, translated by Edward L. Shaughnessy, in *The Origin and Early Development of the Zhou Changes* (Leiden and Boston: Brill, 2022).

* Translated from Chinese by Jack Hargreaves.

DJY
2023

A CONVERSATION WITH DUAN JIANYU'S PAINTING

by Bang Wang

Born to Burn

What would it have felt like to be born in ancient China? To be born with a perfect tongue only to orchestrate silence? To enter a forbidden city where only crown chrysanthemums are allowed to bloom? To permanently bow like a miniature bonsai pine tree? To congregate in a chess square surrounded by marble kings, rooks and pawns at all time? To be pushed like a herd of goats ever closer to the abyss of a dark purple dream? To sing the cows and realise that idyllic life is only probationary, as cows turn into minotaurs? To be leashed by a string of musical notes that loop around your neck like the Yellow River – the motherly river of the pre-Qin Dynasty? To be loved by an immortal king whose fat hand pats your wingless shoulder day and night?

To sedate yourself into a nationwide tranquillity.

We think of our ancestors, still, we burn with the desire to be born.

Burn, burn, like dying feathers of a burning flame that will become a phoenix, like the sun rising into existence. Born in China. Born to be an artist. Born to be an eye in a dark socket perpetually aching for light.

The Waterfall

In Chinese, the word for 'mi
an empty palm. But i
entities – the absenc
opposite of '*shi*'. The
of the abundant, a fe

But what if the white space
dare not convey in i
emptiness but is itse

Shall we play truth or dare?
our empty palms? Sh
interrogate its actua

You, the artist, and I, the au
waterfall striking th

What does a code signify? Is
space a *waterfall*, a

The quiet, white, violent spa
gives sanctuary to ou
– could well be the w
DNA, never once spi
like the unbreakable
with an axe?

We might as well cave in an

We could, if we wanted, crea
it daily on WeChat; a
golden Zen retreats a
the momentum of a s
we could use our priv
form – embroidery, fo
of fat silkworms and
breath of a peony or t
with a well-balanced

We have lived through mode
ways, facial recognit
era we live through,
the virulent patterns
cealed within it. The
a keeper of all defun
emperor's power and

Or shall we push? Push into
of water that weighs
into it!

Let's dive into a world of sof
nightingale. God is a
million-year prayer.
our core tight.

Let's meditate on water and
know all the atoms o

The Hero

the woodcutter's house, he
o he has a roof in midday
dreams. He earns long
he shelter in his own flesh
best month of the year.
e comes out of his heart.
rmen, he replies with a
ng behind his earlobes. He
solute power. He doesn't
reat anticipation of failure.
without failure. As he ties
at's neck, allowing just
venting it from swallowing
his heart stills. His life,
urrent, is the labour of love.
live in a better world,

ne, on the riverbank, in the
ad our stories like birds
ivers, those monkey-see,
ue what we are spreading.
that threatens the rules,
whatever they cannot name
atter how many times truth
bones – the silent oracle

f the skeleton of truth.
ite space in your painting.

In China, our childhood hero is a black cat, forever in an infinite black uniform with a red-brimmed white cap, looking smashing, as if he had just smashed the old world. Through his heroic acts, he earned the title 'Sergeant Black Cat'. He has been a defender for those of us who could not readily accept the formula of an ancient system.

As we grow older, the spirit of Sergeant Black Cat becomes a mediator between our childhood and our midlife. It helps us to reconnect the missing part of ourselves that is feline and valiant, which is lost in time.

We thank him for his childish, symbolic companionship to our dynasty. As long as he is here, the ancient system will tremble to take us all.

But here I would like to talk about anger – the anger that Sergeant Black Cat doesn't carry forward as we humans do. The anger, like a storm, enters the aftermath of the post-black-cat world with a turbulence so great you can see it in the slow movement of two colliding hearts. The anger that is wounded, infected, like a recurring nightmare from our childhood that we cannot simply wait to pass.

Anger is not something that can be kept in captivity and eventually tamed. It needs to be set free. So do other things: love, and the language that speaks of love; notions that wreck the foundation of bad dreams; beauty that tears open a truth. Only by freeing those things will we learn to hold a person the way the sky holds a bird, and know that in its journey of flight, a shard of freedom might come, as does starlight, a word that penetrates a waterfall, a dialogue that heals our open wounds.

Art is an autobiography of self-liberation.

OTY 2024

YZ You have titled this series of paintings 'Yúqiáo (The Fisherman and The Woodcutter)' and it begins with *Yúqiáo (The Fisherman and The Woodcutter) No. 1*, which depicts a scene in which an elderly goat tells a story to a young goat. This initial painting, metaphorically serving as an opening quotation mark, encapsulates the subsequent works in the series and binds them together into a single cohesive tale.

DJY I was inspired reading classical Chinese literature scholar Zhang Wenjiang's article, 'Explaining the Images of the Fisherman and the Woodcutter', and philosopher Zhao Tingyang's work, *History, Landscape, Fisherman and Woodcutter*.[1] These texts laid the foundation for me to start painting this series of works. The wisdom embodied by *yúqiáo* – the fisherman and the woodcutter – represents a perpetual theme in literature, exemplified by *Dialogue Between a Fisherman and a Woodcutter* written by Shao Yong in the eleventh century,[2] and classic novels such as *Journey to the West*[3] and *Romance of the Three Kingdoms*,[4] which featured these emblematic figures. We might recall the well-known verse from an ancient poem, 'Who in blue hills or history's scroll stands eternal and true? Only to be outdone by woodsmen's tales, ever told anew.'[5] However, I believe this theme goes beyond historic records and permeates our contemporary reality. The fisherman and the woodcutter traditionally appear as a pair engaged in philosophical debate and such exchanges naturally engender speculative thinking. To me, this suggests an attempt to narrate history. In my painting, the relationship between the two goats also suggests broader possibilities for narration. When an elder shares a tale with a child, they often adopt a condescending tone; the child, though not openly challenging the elder's wisdom, might silently dismiss the narrative, revolting against the elder in his head. This, too, constitutes a discourse.

The fisherman and the woodcutter embody dual states of existence: both escaping the secular world (*chushi* 出世) and engaging with it (*rushi* 入世). When detached from earthly concerns, they transcend the mortal realm and liberate themselves from worldly vexations. In this elevated state, they can chronicle the histories of generations and bear witness to both past and future. However, when immersed in the secular world, they manifest basic human

1 Zhang Wenjiang, 'Yuqiao xiangshi', in *Gudian xueshu jiangyao* [Lectures on Classical Scholarship], 214–28; Zhao Tingyang 赵汀阳. *Lishi shanshui yuqiao* 历史·山水·渔樵 [History, Landscape, Fisherman and Woodcutter]. Beijing: SDX Joint Publishing Company, 2021.

2 *Yuqiao wendui* 渔樵问对 (Dialogue Between a Fisherman and a Woodcutter) was written by Shao Yong (1011–77). Through a dialogue between a fisherman and a woodcutter, the text explores a series of philosophical questions including fortune and misfortune, benefit and harm, essence and function, matter and ego, name and reality, order and chaos, principles of change, human and object, flexibility and trade-off, life and death, selection and application and good and evil.

3 In *Journey to the West* (first published in 1592), China's first chapter-based epic novel in the style of Romanticism featuring gods and demons, there is a dialogue between a woodcutter and a fisherman. The two wise men argue endlessly about whether the mountains are more beautiful or the waters more elegant. Through this argument, they jointly express criticism of worldly honour and disgrace, success, failure and prosperity, conveying their longing for a life that transcends fame and fortune and instead finds delight in landscape.

4 This refers to the poem quoted at the beginning of *Romance of the Three Kingdoms* (ca. 1330–1400), the

needs no different from those of ordinary individuals. This duality reveals their mundane aspect, a quality relatable to everyone: though we may never attain their philosophical heights of speculative thought, we recognise our own tendencies to quip, argue or make careless remarks. It is for this reason that figures I have painted in this series – such as the Black Cat Detective, the shepherd and representations of self – can all be interpreted as the ordinary, worldly fisherman and woodcutter.

YZ Speaking of Black Cat Detective, several paintings in this series feature this character. We cannot claim that in the original animation (1984–87) this character lived a secluded existence, isolated in the depths of remote mountains and disconnected from the society – but he certainly did not lead the 'ordinary' life discussed earlier. On the contrary, he was captured in a turbulent environment. It was his duty to uphold justice, punish evil and champion good.[6]

DJY The animation *Black Cat Detective* represents a collective childhood memory for many people of our generation who caught the few episodes of it in our youth. The character has been deeply imprinted in our consciousness, so I selected him as the epitome of contemporary society. I think the Black Cat Detective invites open and diverse interpretations: he might be seen as a justice warrior akin to Superman or Batman, a public guardian of rules just like the next man or, perhaps more subversively when framed by the fisherman and woodcutter narrative, a flawed or even negative figure.

While the Black Cat Detective wields authority when enforcing the law, gun in hand, upon returning home he turns back into an ordinary human being. He might engage in casual conversation with his wife, revealing himself as someone with desires and yearnings, someone who treasures family bonds. Maybe his child struggles with maths and doesn't do their homework or he might lose his temper and get so worked up that his blood pressure would go through the roof. Yet, once he dons his uniform he has to perform his duty to maintain social order. This professional obligation also requires him to harbour justice in his heart. Every person, in some way, must justify what they do for a living.

Although the figures of the fisherman and woodcutter permeate our ancient poems and classic paintings, they remain

Black Cat Detective, shown in a cropped 1980s comic image from the artist's archive

Sketch of *Yúqiáo (The Fisherman and The Woodcutter)* (detail), 2024

The Guangzhou Circle building designed by Italian architect Joseph di Pasquale and built in 2013

Three Allowed Seven Forbidden No.7 (detail), 2021

first chapter-based Chinese historical novel created by Luo Guanzhong. In the poem, through the imagery of a fisherman and a woodcutter casually discussing the past and present, it expresses that historical rights and wrongs, successes and failures, will eventually fade away, and only heaven and earth, nature and space-time remain eternal.

5 This verse is from Liu Dakun's *Xinju kouhao* 新居口号 (New Residence Slogan), dating approximately to the late nineteenth to early twentieth century). Zhang Wenjiang quotes it in 'Explaining the Images of the Fisherman and the Woodcutter', suggesting that these two, who lived in seclusion among the mountains, could freely move between the metaphysical and physical realms, reflecting on the changing history and mortal world on the scale of nature and time.

6 *Black Cat Detective* is a comic series created by Mainland Chinese writer Zhu Zhixiang. The Shanghai Animation Film Studio adapted it into an animated film series of the same title in 1984. After the first five episodes, experts reportedly demanded the series be taken off the air, deeming its content 'too violent'. Despite its short run, the characters became deeply beloved by audiences in Mainland China, establishing the series as an indelible part of the collective memory for those born there in the 1970s and '80s.

indigenous one. Similarly, in my 'Automatic Writing' series, I depicted images of folk cultural practices such as writing with one's feet or drawing with pens held in the nostrils. Then, I sought to confer a certain legitimacy on these spontaneous, unconventional forms of creation by appropriating the Dadaist art term *automatic writing* and applying it to them.

Continues on p. 46

CFC
2024

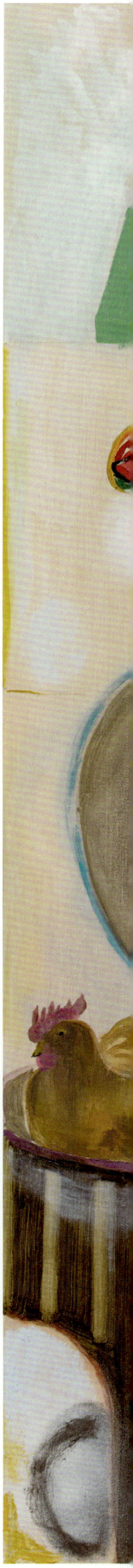

YZ I see your ‘Automatic Writing’ series as making a clear statement: it articulates how some Chinese contemporary artists endeavour to transcend or break free from the rigid frameworks of traditional painting education and how, in doing so, they liberate their hands from intense, habitual training and their creative spirit from the confining limitations of technique. Folklores suggest fresh directions for artistic expression – many contemporary artists operate according to this same principle, recognising that artistic creation puts forward a heterogeneity that defies normalcy. Your canvases frequently capture events, scenes and individuals who lack the grandeur, honour or dignity perpetuated in painting education descended from Socialist Realism. While preserving the narrative quality intrinsic to painting, you and your contemporaries tend to flatten or abstract the pictorial surface.

DJY This idea is inspired by Jorge Luis Borges. A postmodern painting can simultaneously embrace flatness, abstraction, figurative representation and expressionism. When I focus on each of the painterly marks, I can layer diverse techniques drawn from my own experiences, allowing each work to emerge as increasingly original and deeply personal.

Since the 1990s, I have been profoundly influenced by the literary ingenuity of many writers. Take Borges for example, with the rich diversity of genres he wrote in serving as a primary source of inspiration. Paintings, I believe, should not be onefold. Instead, we should strive for a complexity that arises from the layering and superimposition of diverse traces, both in our techniques and narrative approaches. Furthermore, the concept of the ‘void’, which Borges emphasised, comparably echoes the use of negative space in painting, a vital component for fostering creativity and achieving richness in the artwork. Finally, his idea on the relationship between creation and reality – I don’t believe the purpose of painting lies in merely replicating reality or offering solutions to its problems. Rather, painting serves to enrich and expand our understanding and experience of reality. Painting can be envisioned as a pendulum,[9] oscillating between reality and its parallel artistic creation – the unique world the artist brings into being on the canvas.

When recounting an event, Borges often employed convoluted narrative detours that complicated the story’s transformative paths. Yet it was precisely in these digressions that he

Three Allowed Seven Forbidden No. 3 (detail), 2021

Automatic Writing No. 1 (detail), 2019. Courtesy Private Collection

9 The pendulum analogy stems from the work of Ling Yue, a contemporary Chinese poet based in Guangdong. By drawing upon Paul Valéry, Ling likens poetry to a pendulum that oscillates between sound and thought, or presence and absence.

DJY Exactly. Just as a poet awakens their vocabulary, an artist must awaken metaphors in painting, linking seemingly unrelated images so as to produce intriguing compositions. It is this very act of metaphorical connection, I believe, that holds value in art. Several series of paintings I have created since 2016, like 'Sharp, Sharp, Smart' aim to invoke aerial encounters between subjects and objects that would ordinarily never cross paths.

Mainstream Socialist Realist paintings often feature idealised depictions of down-to-earth, hardworking shepherds alongside vast, cloud-like herds of sheep. This fixed pairing typically symbolises the simple-hearted people and the vast land. Rarely depicted, however, are realities to mull over, such as the connection between sheep and their faeces, or scenes like a shepherd singing folk songs to his flock, as in *Yúqiáo (The Fisherman and The Woodcutter) No. 7*. To me, this connection can evoke a poignant question from these natural creatures to their human shepherds about their fate. Yet, I find this line of inquiry potentially too tragic, too obviously 'correct'. This is why the inclusion of sheep faeces, for instance, becomes indispensable; it disrupts what might be an overly solemn or serious moment with a touch of earthy humour, thereby gently deflecting the painting's theme from a purely sombre trajectory. Chickens, which appear in later paintings such as *Yúqiáo (The Fisherman and The Woodcutter) No. 11* and *No. 12*, also featured in earlier works in this series. Chicken is a ubiquitous element in Cantonese lifestyle and cuisine – think of white cut chicken, soy sauce chicken, and salt-baked chicken. I placed chicken with the plastic fried chicken jibbitz on Crocs, referring to the connection between herd and shepherd, creating a dialogue between modern industrial assembly lines and living animals that speaks to both absurdity and cruelty. After all, what matters to me is diminishing the didactic correctness of the pictorial surface by balancing and enriching it through meticulous attention to detail. An artist's approach to a canvas is ultimately affected by their value system, work methods, personality and temperament. When these elements coalesce, their aggregate logic functions as a lubricant, enabling the image to operate coherently. It could work as a bridge so that paintings become more accessible to viewers.

13 Jiang Zhaohe (1904–86) was a Chinese painter and art educator. His masterwork *Refugees* (1941–43) is an expansive scroll set against a landscape of rubble and devastation depicting over 100 refugees suffering from the ravages of war, powerfully illustrating the tragic plight of ordinary people displaced by conflict. Executed in ink and colour on paper, the work integrates Western techniques of anatomy, perspective and volumetric modelling to enhance the expressiveness of its figures, rendering an overwhelming atmosphere of sorrow and agony.

14 Huang Shaoqiang (1901–1942) was an artist of the Lingnan School of Chinese painting who skilfully combined both Chinese and Western artistic traditions. His *Refugees* (1931) is a quadtych depicting an elderly street performer, a barefoot old woman, a street beggar and an elderly woman selling flowers from a basket. Each figure is portrayed in a state of neglect and helplessness, powerfully conveying a poignant sense of displacement and rootlessness.

* Translated from Chinese by Lily Sun.

2024
DJY

herman and The Woodcutter) No. 4
pencil on canvas

Yúqiáo (The Fisherman and The Woodcutter) No. 5
Oil, acrylic and spray paint on canvas
150 × 200 cm
2023

Yúqiáo (The Fisherman and The Woodcutter) No. 6
Oil, acrylic, spray paint and oil-based marker on canvas
150 × 200 cm
2024

Yúqiáo (The Fisherman and The Woodcutter) No. 7
Oil, acrylic, oil-based marker and oil pastel on canvas
100 × 75 cm, 180 × 250 cm
2024

herman and The Woodcutter) No. 11
and oil-based marker on canvas

Yúqiáo (The Fisherman and The Woodcutter) No. 12
Oil, acrylic, spray paint, oil-based marker and pencil on canvas
160 × 140 cm
2024

Yúqiáo (The Fisherman and The Woodcutter) No. 13
Oil, acrylic and oil-based marker on canvas
120 × 180 cm
2024

Yúqiáo (The Fisherman and The Woodcutter) No. 14
Oil, acrylic, spray paint, oil-based marker and pencil on canvas
180 × 200 cm
2024

herman and The Woodcutter) No. 18
l and oil-based marker on canvas

Yúqiáo (The Fisherman and The Woodcutter) No. 19
Oil, acrylic, oil-based marker, pencil and spray paint on canvas
130 × 170 cm
2024

Yúqiáo (The Fisherman and The Woodcutter) No. 20
Oil, acrylic, oil-based marker and oil pastel on canvas
180 × 200 cm
2024

With the resurgence of figurative painting in the past decade, many painters have anchored their canvases in narrative, portraiture, landscape or some other fragment of reality. The paintings of Duan Jianyu begin with reality, but depart from it. 'My understanding of the relationship between painting and reality is this' – she explains – 'most paintings I encounter set off from reality and return to the realm of reality. I want to consider the possibility of departing from reality but not returning to it.'[1] Duan drew inspiration, for example, from the vibrant subculture called *shamate* for the series 'Sharp, Sharp, Smart' (2014–16). *Shamate* (a transliteration of the English for 'smart') sprang up in the mid-2000s among young rural migrants working in gruelling, low-paid jobs in factories in Dongguan, Guangzhou and other major manufacturing areas in China. These young, often underaged, workers made a visual impact with their outlandish hairstyles, heavy makeup and punk outfits. Their rebellious self-expression created a sense of solidarity in the face of exploitative labour conditions and economic and social precarity. Despite gaining traction on QQ chat groups, the phenomenon was short-lived. By the mid-2010s *shamate* was parodied online as 'vulgar' and 'low-class' and its proponents harassed in the streets, particularly by urban middle class youths.

Instead of realistically depicting the urban daily lives of the subculture's migrant-worker adherents, Duan returns to their humble agrarian origins and to the rural landscape for which she is known. The countryside is deeply ingrained in her psyche, having grown up in Henan, a traditional agricultural province. Duan came of age in the 1980s, during a period of reform that brought renewed interest in 'native-soil' literature and a search for cultural 'roots' as Chinese writers and artists sought to reinvent their identity a decade after the destructive iconoclasm of the Cultural Revolution which sought to eradicate 'old' traditions. While Duan's paintings are rooted in the land, her series 'Sharp, Sharp, Smart' is populated with incongruous figures based on imagery from Western Modernist art and its appropriation of African cultural traditions. These landscapes are saturated with colour, as if the bright blue, red and yellow hair dye, much beloved by the *shamate* clan, has seeped into Duan's canvases. The figures in *Sharp, Sharp, Smart No. 1* (2014) resemble Kazimir Malevich's Cubo-Futurist paintings of the 1910s that feature peasants, such as a woodcutter and a reaper, dressed in geometrical, striped tunics and equipped with the

1 Duan Jianyu and Peter Pakesch, *Automatic Writing – Automatic Understanding* (Shanghai: New Century Art Foundation, 2020), 60–61.

tools of their trade. Instead of a verdant grassland, Duan sets her figures, who wield cleavers rather than farm implements, in the red earth. The hue is symbolic but also creates visual vibrancy against the aqua-green sky. Other paintings in the series have anticipated the 'new farmer' or rural influencer trend with young women dressed in regional indigo block-print garments in a manicured landscape, showing off prime produce and eggs in stylish wicker baskets.

This seemingly surreal departure from reality derives in part from Duan's relationship with writing. The daughter of writer Duan Quanfa, known for his short stories set in rural Henan, and Chen Lianju, an archivist and book buyer for Xinhua, China's largest state bookshop chain, she grew up in a literary environment in Zhengzhou, Henan Province, long considered one of the cradles of ancient Chinese civilisation. While preparing for her college entrance exams, Duan met artist Duan Zhengqu, who introduced her to new approaches to painting which she later understood in literary terms: 'If Kafka can write stories like that I can paint in a different way'.[2] She also recognised an affinity with the Latin American literary genre Magical Realism, which reflected on the traumatic history of colonialism, dictatorship and political violence through an amalgamation of realism and the fantastic. In the 1980s, Chinese writers adopted Magical Realism as an alternative to Socialist Realism to address their own social and political issues.

Duan sought to follow in the footsteps of her older brother Duan Jianwei, who studied oil painting. But instead of attending his alma mater, the School of Fine Arts at Henan University, she left home in 1991 for the Guangzhou Academy of Fine Arts. The separation from her roots in Henan afforded her a level of freedom and an opportunity to start afresh, far from the influence of familial and cultural traditions. Moreover, Guangzhou, in the heart of the Pearl River Delta region, was geographically distant from the burgeoning underground art scenes in Beijing and Shanghai, but also at a remove from the central government's tightening control over expression.[3] At the Guangzhou Academy, Duan was drawn to the 1980s German and American Neo-Expressionist painters whose work she saw in art books and magazines, including Georg Baselitz and Julian Schnabel. The image of freedom they projected as the 'bad boys' of contemporary art was part of their appeal for Duan, although this was already an anachronism in the 1990s.

Artistic Chicken, installation view at 'Z.O.U. — Zone of Urgency', 50th International Art Exhibition, La Biennale di Venezia, Venice, Italy, 2003

Automatic Writing No. 1, 2019. Private collection

2 Interview with the author, 6 February 2025. I am grateful to Jun Shen and Cindy Ziyun Huang for facilitating this interview and for providing invaluable guidance.

3 Guangzhou was part of Deng Xiaoping's 1992 Southern Tour to promote economic reform and opening up and was granted special economic status as an 'Open Coastal City'.

But there is also remarkable continuity in the artist's practice, stemming in part from the relationship between the visual and writing that has informed her work from the outset. When developing a new series of paintings, Duan starts with an anecdote or story, which she may or may not turn into a piece of writing. For Duan, 'Good writing does not leave the reader only with some concrete story, but with a more active imagination and ample space for creation.'[7]

Duan's most recent series 'Yúqiáo (The Fisherman and the Woodcutter)' (2023–25) centres on a philosophical dialogue between the fisherman and the woodcutter, a motif from Chinese literature dating back to the Yuan dynasty, which also appears in art and music. *Yúqiáo* is adaptable, for Duan, allowing her to apply this classical concept to our contemporary era when the nature of interpersonal dialogue is undergoing profound transformation as AI dialogue systems are supplanting human-to-human interaction and social media creates an echo chamber that reinforces biases, social divisions and political polarisation. A number of works from the series reflect obliquely on this situation. *Yúqiáo (The Fisherman and The Woodcutter) No. 1* (2023) and *No. 8* (2024) use the motif of dialogue, or rather a monologue, delivered by an older goat to a younger one. In the latter, the old goat reclines on a cheap plastic chair with his hind legs resting on the table, while the young goat, perching on an Italian mid-century modern design chair, looks away, alluding to a widening generational and class divide. In other works, Duan evokes the Chinese idiom 'playing lute to a cow' to suggest the absurdity of sharing something important with someone who cannot appreciate its significance.

By the time Duan completed the series, she was approaching retirement after teaching for three decades at the South China Normal University in Guangzhou. Duan disapproves of the patronising attitude of some professors and credits her students with expanding her interests. 'Yúqiáo' also reveals a deepening engagement with popular culture as evidenced, for example, by the figure of the Black Cat Detective, a character from a science fiction novella dating to the early 1980s that was then adapted to an animated series and comics. Her interest in recent social media and memes, such as Chinese monkey weddings in zoos, the Crocs × KFC collaboration and the lives of social media influencers, affirms her engagement and identification with today's youth culture. In the final painting from 'Yúqiáo', Duan imagines herself

7 Duan Jianyu and Peter Pakesch, op. cit., 62.

as a social media influencer who lives a lonely life despite having many followers. Sitting on an unmade bed surrounded by empty food containers, the nude woman strokes a cat and contemplates a bucket of fried chicken.

While the subject matter of 'Yúqiáo' is cryptic and strangely compelling, the significance of the series lies in its innovative form, characterised by structural repetition and open-endedness. Goats, fishermen, cats, cows, chickens and the artist metonymically substitute for each other, constantly deferring and shifting meaning. In *Yúqiáo (The Fisherman and The Woodcutter) No. 1*, we are looking over the shoulder of the old goat as he explains the scene in front of him, which appears to be a Chinese landscape, but one that is partially painted with airbrush. The landscape is both continuous with the space of the two goats but also set off from it by the brocade border marking the edge of a hand scroll. In comparison, we are at the back of the herd listening to a monkey playing the lute in *Yúqiáo (The Fisherman and The Woodcutter) No. 9* (2024). As viewers, we change perspectives, yet we are never sure where we stand. Taken together, 'Yúqiáo' can be compared to the structure of the Chinese album, such as Shitao's *Returning Home* (c. 1695), in which each turn of the page, every new scene is an invitation to remake the world anew. 'Yúqiáo' can also be understood as a 'writerly' text, one that is open to many meanings, which the French literary theorist Roland Barthes describes thus: 'To interpret a text is not to give it a (more or less justified, more or less free) meaning, but on the contrary to appreciate what plural constitutes it... In this ideal text, the networks are many and interact, without anyone of them being able to surpass the rest; this text is a galaxy of signifiers, not a structure of signifieds; it has no beginning; it is reversible; we gain access to it by several entrances, none of which can be authoritatively declared to be the main one.'[8]

8 Roland Barthes, *S/Z: An Essay* (New York: Farrar, Straus and Giroux, 1974), 5–6.